現代プリンセス式

副業成功レッスン

藤咲まどか 著

はじめに

♡～女の子は、みんなプリンセス～

「女の子は、貧乏でも、おばあちゃんになっても、みんなプリンセスなのよ」

小さいころに見た映画のなかで、主人公の女の子が言ったセリフ――。

あなたは「プリンセス」と聞いて、どんな人を想像するでしょうか？　キレイなお洋服を着て、ステキなお城に住んで、王子様と幸せに暮らしている。何不自由のない、幸せな生活をしている人というイメージでしょうか。私は小さいころからプリンセスに憧れていて、「お姫様になりたい！」と思っていました。

女子校育ちの私は、女性と接する機会が多く、週末起業を目指して行動するようになってからは、さらにたくさんの女性とお話する機会に恵まれています。

女性に対して「プリンセス」と言うと、かなり高い確率で出てくるプリンセス像があります。それは、「シンデレラのようなプリンセス像」です。

【シンデレラ『シンデレラ』】

困難な状況のなかにいても、努力をしていたら誰かが見てくれている。苦難をじっと耐えていると、魔法使いのように助けてくれる人が現れて、魔法をかけて幸せにしてくれる。

プリンセスという言葉だけを聞くと、シンデレラを連想する人が多いのは、「待っていたら、魔法使いのように自分を幸せにしてくれる人が現れる人生」に憧れを抱いているからだと思います。

シンデレラを実生活で考えると、祖父母の時代が舞台のようなイメージです。祖父母から、次のようなことを言われたことがある方もいらっしゃるのではないでしょうか。

「勉強をして、いい大学に入って、大企業に就職し定年退職まで働く。そうすれば、将来は安泰だよ」

「女性は、結婚相手を見つけて、20代前半で結婚して、専業主婦になって子どもを産み育てる。それが女性にとって幸せなことなのよ」

「お金は郵便局や銀行に預けていたら金利で増える。だから、投資や運用をしなくても、貯金さえしていれば、老後の心配はしなくていいのよ」

シンデレラで例えると、「魔法をかけてもらう＝結婚」というような感じで、「結婚まで努力すれば、あとは幸せな生活が待ってる♡」というような考え方です。

しかし、現代はそんなに甘くありません。大企業に就職できても、過酷な労働で身体や心を壊したり、会社側の理由で会社自体がなくなったり、年金も、もらえるかわかりません。

時代はとても早いスピードで変化しています。私は、この本を手にしてくださったあなたには【現代版プリンセス】になってほしいと思っています。出会う女性に「好きなプリンセスの名前は？」と訊くと、多くの女性が名前を挙げるプリンセスがいます。

【ベル『美女と野獣』】

住んでいる町では〝変わり者〟と噂をされても、自分の好きなこと（読書や学ぶこと）をやり通す。大切な人のために、自分の危険を顧みないで行動する。その結果、自分の価値観や存在を認めてくれる仲間やパートナーにめぐり逢うことができ、幸せな生活を手に入れる。

【ラプンツェル『塔の上のラプンツェル』】

〝塔の外の世界を見てみたい。自分の誕生日の日だけに空に浮かぶ、謎の光の正体を知りたい〟という、自分の夢を叶えるために、反対する相手を説得し（ちょっとしたウソも必要♡）、協力者や仲間を見つけて巻き込んでいく。その結果、自分の夢を叶え、難関をいっしょにすり抜けたパートナーと強い絆で結ばれる。

【エルサ『アナと雪の女王』】

自分のコンプレックスだと感じていたこと（雪を操る能力）と向き合い、受け入れる。大切な人を守るために、力をコントロールすることを身につけ、コンプレックスだったことを魅力に変えて、人生を楽しむようになる。

このように、「イメージするプリンセス像」と、「好きなプリンセス像」のあいだにギャップがある方が多いのではないでしょうか。現代の女性のなかでも、プリンセス

＝シンデレラとイメージが先行しがちですが、心のなかでは、「そんな時代はもう終わってしまった」と気づいている方がたくさんいるのです。

つまり、「自分の力で未来を切り開く女性、自分のコンプレックスを魅力に変えて生きていく女性＝【現代版プリンセス】になりたい」と、考えている女性は、たくさんいます。私も、変化の激しい現代を生き抜くためには、自分の力で困難に立ち向かっていく強さを持つことが大切だと思います。

この書籍を活用していただくことで、あなたも今直面している困難に打ち勝って、コンプレックスを魅力に変えて理想の生活を送るプリンセスになってほしいと願っています。さっそく、【現代版プリンセス】になるためのスタートを切りましょう！

♡人生とお金について考える〜今の自分に満足していますか？

「私、本当にやりたいことをしているのかな？」

インターネットやコンピュータが発達するにつれて、どこに住んでいても快適な生活ができるようになりました。家にいても、スマホでポチッと買い物ができたり、ＹｏｕＴｕｂｅなどの動画サイトで自分の興味のある動画を見ることができます。わからないことは、Ｇｏｏｇｌｅ先生に聞けば大体のことは答えてもらえます。とても便利ですよね。

でも、考えてみてください。便利な生活を送ることができるようになった反面、社会が変わっていくスピードが速くなっていると思いませんか？

祖父母や両親が育ってきた時代のように、「大企業に就職したから安心」と言える方は少ないのではないでしょうか。

どんなに頑張って働いても、「残業代が出ない！」「働いた量のわりにお給料が少ない」「仕事ぶりをなかなか認めてもらえないから、お給料も上がらない……」なんて、悩んでいる方も多いと思います。

もしかしたら、お給料のことだけでなく、自分の居場所について不安を感じている方もいるかもしれません。

お給料は今のままでもいいから、「有給を取りたい」「残業を減らしてほしい」と感じている方もいらっしゃることでしょう。

私も会社員なので、「お給料はもっとほしい」と思いますし、「定時に帰って、アフター5も楽しみたい」と思います。実際は、厳しいのですが（笑）。

そう。働く環境や時代はどんどん進化し続けて、知らない間に変わっているのです。

ところで、最近、ニュースなどで話題になっている、AI（人工知能）の話を聞いたことはありませんか？ 長崎のハウステンボスにある、従業員のほとんどがロボットになっているホテルや、将棋を指すAIなどが、ときどき話題になっています。

AIはどんどん賢くなっています。今まで私たちが行っていた仕事が、AIやコンピュータに変わってきていることにお気づきでしょうか。

例えば、回転寿司屋や居酒屋などではタッチパネルで注文できるようになっています。タッチパネルにすることで、ホールに必要な人の仕事量を減らし、人件費を削減しています。スーパーのレジもセルフレジが導入され、時間帯によってはレジ係の人がいないこともあります。

人間でなくてもAIができる仕事は、どんどんAIに移行していくと思います。

「そんなのはイヤだ！」「私の仕事なくなっちゃうかも！　どうしたらいいの？」と思っても、社会は待ってはくれません。けれども、不安なことばかり考えていても仕方がないですよね。

ＡＩが発達するとなくなる仕事がたくさんあります。でも、視点を変えると、イヤイヤしている仕事や誰でもできる仕事は、ＡＩがやってくれるのです！

だったら、嫌なことはＡＩに任せて、本当にやりたいことをする人生を歩みたくないですか？　好きなことを仕事にしたいと思いませんか？　自分のやりたいことや夢を叶えることを「そんなのムリ」と決めつけてはいませんか？　やる前に諦めずに、挑戦してみませんか？

本当にやりたいことをするためのお金を稼ぐ方法は、たくさんあります。決してムリなことではありません！　私は、そのことを１人でも多くの方に知ってもらいたいと思っています。「大企業や安定した会社に就職したから将来も安心！」と断言できない今、あなた自身の生活を振り返ってみてください。

あなたは本当にやりたいことができていますか？

今の人生に満足していますか？

♡藤咲まどかが副業をしようと思った理由

私、藤咲まどかは、甲子園球場のある西宮市出身です。神戸や大阪へ電車で20分あれば移動できる、とっても便利な街に住んでいました。ところが、転職をして、岡山県に住むことになりました。岡山県に来た当初は、周りには友達も知り合いもいなくてひとりぼっちでした。

お給料のほとんどを貯金して、1年間で170万円貯金することができましたが、使えるお金が増えても、遊ぶこともない、休日に外出することもない、仕事と家の往復でつまらない生活でした。

しかし、「友達がいないからと寂しがってばかりはいられない！　このままの生活はイヤだ！」と思い、ブログを始めて、日常を発信していくようになりました。

この当時、私は婚約をしていて、結婚が決まっていたこともあり、「今が人生の変わり目だから、生活やお金の使い方を変えるチャンスだ」と思いました。

「今、新しくスタートを切りたい！」「何か新しいことを始めたい！」

そう考えた私は、まず自分の状況を見直して、これからどういう自分になりたいかを想像しました。このとき、ただイメージするだけではなくて、「こんな人生を歩みたい」という内容を、具体的にノートに書き出したのです。

・武蔵小杉の３ＬＤＫのタワーマンション
・子どもは３人で、生まれたら保育園に入れたい
・月に１度の外食
・国内旅行　ｅｔｃ

そして、数年以内にやりたいことにかかる月費用を計算して、メモしていったところ……。

毎月の支出
・武蔵小杉の３ＬＤＫのタワーマンション　25万円
・子どもが３人生まれたら入れたい保育園　15万円×３人＝45万円
・生活費　15万円（食費、光熱費、日用品、ケータイ代含む）

・月に1度の外食　1万円
・家事代行サービス　2万円×週2回×4週間＝16万円
・奨学金返済　2.5万円
・大学院学費　20万円
・書籍代　5万円
・自己啓発、セミナー代　20万円
・起業経費　30万円（交通費、事務・税理士サポート、コミュニティ会費など）

年間の支出
・国内旅行　15万円×年3回＝45万円
・海外旅行　100万円
・生命保険代　150万円
・車維持費　30万円
・投資（NISA夫婦2名義分）　240万円
・現金の貯金etc

書き出してみて、自分でもびっくりしたのですが（笑）。な、なんと、月々250万円必要だということがわかったのです！

私のパートナーは会社員で、私自身も会社勤めをしています。子どもはまだいないのですが、今のままでは定年まで会社勤めをしても、毎月250万円なんてとても稼げない。節約しても、捻出できない……。

「だったら、お給料とは別の収入の柱を作ればいい！」

こうして、私は自分の理想の生活を実現するために「副業をやろう！」「収入の柱を増やそう」と考えたのです。

♡なぜ収入の柱を増やす必要があるのか？

なぜ収入の柱を増やす必要があるのか。答えはズバリ、会社のお給料という収入の柱だけでは自分の理想を叶えられないと気づいたからです。

私も、最初から収入の柱を増やす方法や、理想の生活を送る方法を知っていたわけではありません。いろんな方のブログやFacebookを見ることで、「こんなライフスタイルがあるんだ！」「お金の増やし方っていろいろあるんだ！」と、気づくことができました。そして、自分なりに、会社員の私でもできる収入の柱の増やし方を考えました。収入の柱を増やすことで、今までお金がないからと諦めていたことができるようになったり、本当にほしいものを買えるようになりました。

また、収入の柱を増やすために勉強していくと、会社員の生活をしているだけでは出会わないような人と会って話を聞く機会が増えます。そうすると、いろいろな経験談を聞くことができるので、自分の思考の幅が広がり、人生の選択肢もドンドン増えていきます。そうすることで、収入だけでなく人生も豊かになっていくのです。

あなたの今の収入は、あなたの理想の生活を送るために充分な金額ですか？「足りない」と感じているなら、理想の生活をあきらめるのではなくて、収入の柱を増やして、理想の生活を実現させればいいと思いませんか？

あなたにも、彩り豊かな人生を歩んでほしいのです！　そのために、藤咲まどか流の収入の柱を増やす方法を、この本のなかで具体的にお伝えしていきたいと思っています。

♡30歳までに8つの収入の柱を作る

私は、24歳のときに自分を見直し、29歳の今、８つの収入の柱を作ることに成功しています。

【藤咲まどかの8つの収入の柱】

・会社員の給料
・投資信託
・保険
・アフィリエイト
・週末起業
・物販

・株
・不動産投資

同世代の女性で、1つや2つの収入の柱を作る方は多くいますが、8つの収入の柱を作っている人に出会ったことは、まだありません。

収入の柱をたくさん作ることのメリットは少なくても4つあります。

「安心感、収入の柱を作るチャレンジによる学びと成長、思考の制限が外れる、考える習慣が身につく」ということです。

【安心感】

変化のスピードが早い現代、会社員という収入の柱だけで、生活できるでしょうか？　定年退職まで働き続けられるでしょうか？　退職後、老後の人生を楽しんで生きていけるでしょうか？

収入の柱が多いことで「1つの収入の柱がダメになってもほかの収入の柱がある」という安心感が得られます。

【収入の柱を作るチャレンジによる学びと成長】

収入の柱を作るためには、情報収集をしたり、学んだことを実践してみたり、新しいチャレンジをいっぱいします。その経験は会社員をしているだけでは、学べないことばかりです。

会社員という時間的な拘束がある中で活動するので、タイムマネジメントも意識するようになります。また、副業を通じて得た、学びや実践経験を会社の仕事に役立てることもできます。

【思考の制限が外れる】

大人になると、今までの経験から「この仕事は自分にはできない」「どうせ声をあげても採用されないから、発言しない」など、自分の経験の中で全ての物事を判断してしまいます。

しかし、「誰がどのように考えても無理だろう！」ということに真剣に取り組むことで、思考の制限が外れていきます。だって、今までと同じように考えていたら、到底達成できないからです。

私の場合はそれが8つの収入の柱を作るということでした。

そもそも、1日24時間しかないので、寝ないで働いても正社員をしながらだと厳しいのです。これが昔の私の考え方。

でも気づきました！

お金に働いてもらえばいいんじゃない？って。

今までの思考ではなかなか考えられません。そこで「自分の思考（価値観や固定概念）を一度壊して考える、先の先まで考える」ことにつながっていきます。

【考える習慣】

もしかしたら、考える習慣が身につくことが、8つの収入の柱を作ることで得られるメリットのなかで一番良いことかもしれません。インターネットやコンピュータが発達するにつれて、自分の頭で考えるということが少なくなっています。だからこそ、自分で考える習慣を身につけることは、とても大切なことだと思います。

会社員以外の１つ目の収入の柱を作るときは、全てが新しいことへの挑戦なので大変です。どこで情報を収集するのか、何を学べばいいのか、誰に相談すればいいのか、わからないことだらけです。思考錯誤しながら、収入の柱を作り上げていくことになります。でも、苦労や困ったりしたことは、確実にあなたの力となって身についていきます。収入の柱が出来上がってしまえば、同じように作りあげていくだけなので、どんどんスピードを上げて次の収入の柱を作ることができます。私も、今よりもさらに収入の柱を増やしていこうと思っていますし、タイミングを見て整理しようとも考えています。

あなたも、自分に合った収入の柱を作っていきましょう。

♡あなたにとってお金とは？

あなたにとって、お金とはなんでしょうか？　人によって答えはさまざまです。

・お金は神様

・お金は安心するもの
・お金は信用
・ラクして稼いではいけないもの
・お金は人生を狂わせるもの
・お金はお金持ちのところに集まるもの

私にとってお金は恋人であり、夢を叶えるためのチケットです。

私は「お金」が大好きだし、「お金」と相思相愛になれるように努力しています。

そうして、私のところに来てくれた「お金」と「自分の理想の人生の実現」を交換しているという感覚です。今の世の中では、理想の人生を叶えるためにはお金が必要です。どうしてお金ができたのか？　ということを「インベスターZ」（三田紀房・講談社）を読んで知りました。

お金とはコミュニケーションツールであるということ。言葉が通じなくても、その国の通貨さえあれば、買い物も食事も宿泊もできます。言葉は通じなくてもお金とボディランゲージで必要最低限のコミュニケーションは取れるでしょう。そう思った時にさらにお金が大好きと感じましたし、より多くの収入を得てコミュニケーションを取りたいと思いました。

また、私1人だけが自由に使えるお金を持っていても、いっしょに楽しむことができる仲間がいないと楽しくないので、みんなで幸せなお金持ちになりたいとも思っています。

あなたは今、理想の生活を送っていますか？

人それぞれ理想の生活のカタチは違うと思います。「世界中を旅行して周りたい」「資格を取るための勉強をしたい」「毎週エステや美容院に通いたい」「もっと寝ていたい……」。

どんな理想でもいいのです。あなたが幸せを感じられる生活を実現させようと思ったとき、どのくらいのお金が必要ですか？　あなたの理想の生活を実現するために必要なお金を得るために、あなたはどんな方法を選びますか？

私は、理想の生活を送るために、収入の柱も理想的なものがいいと思っています。

なぜならばお金だけたくさんあっても、理想の生活とはかけ離れている可能性があるからです。理想の生活をするための収入だけは手に入っても、休日を返上して働いて、せっかく得たお金を使う時間や、使いたいものや場所、相手がいないとお金はただの紙だからです。

また、お金が必要になるタイミングは人それぞれ違います。

結婚する時かもしれないし、子どもが小学校に入学する時かもしれないし、不慮の事故や病気で入院した時や介護がスタートした時、定年退職した後かもしれません。

「今」と「必要な時期・金額」を考えて収入の柱を作っていくのです。

あなたは今、理想の生活をスタートさせるチャンスをゲットしています。なぜならば、すでにこの本を手に取っているからです。あなたの中で、今の生活を変えたい！もっとお金がほしい！と思ったからだと思います。この本のなかで、あなたの夢を叶えるヒント・あなたにもできる収入の柱の作り方を掴んでください。

♡お金を増やすためのシンプルな方法 〜収入を増やす、支出を減らす〜

理想の生活を実現するために、まず大切なことは、自分の現在地を知ることです。あなたの収入と支出について見直してみましょう。

ここで知ってほしいことは、収入と支出にも種類があるということです。ここでは簡単に収入と支出の種類を紹介しますので、あなたがどんな方法で収入を得て、どんなものに支出をしているのかチェックしてみてください。

収入には、大きく分けて労働収入と権利収入という2種類があります。

【労働収入】

自分の時間や労力を使って得ている収入のことです。例えば、会社員。毎日決まった時間に出勤をして、与えられた仕事をする。これは、あなたの時間と労力をお給料という形に変えて得た収入なので、労働収入に当たります。

【権利収入】

自分が何もしなくても入ってくる収入のことです。例えば、株の配当金や不動産投資の家賃収入は権利収入ですね。

あなたの収入を見直したとき、あなたはどれだけ収入の柱を持っていますか？

そして、収入の柱を労働収入と権利収入に振り分けたとき、どちらのほうが多いですか？

♡その支出は消費？　浪費？　それとも？

収入の次は支出についてチェックしましょう。支出は、【消費】、【浪費】、【投資】の3種類に分けられます。

【消費】

生活していくために、必要なお金です。言い換えると絶対必要なもので、光熱費や食費、日用品などが消費にあたります。

【浪費】

自分の生活にとってそんなに大切ではないものです。例えば飲み会。あなたが「参加したい！」と思って行く飲み会や、参加することで学びがある飲み会なら投資にあたります。しかし、「参加したくないけど、先輩に言われたからしょうがない」と惰性でいく飲み会や、愚痴の言い合いばっかりの飲み会について、あなたが「無駄だ」と感じるのであれば、飲み会にかかった飲食代は浪費になります。

ほかにも、可愛いと思って買ったけれど使わない文房具や、一目惚れして買ったけれどまったく着る機会のない服も浪費にあたります。

【投資】

今の生活をしていくためにすぐに必要ではないけれど、将来大きな資産になったり、お金に変わるものです。○○投資とついているものの多くは【投資】にあたります。株、暗号通貨、不動産などお金を生み出すものもあれば、ヨガ、ファスティングなど自分の健康に変わるものもあります。

また、資格取得や自己啓発、読書などは、将来の自分の仕事や生き方を生み出すものです。「投資＝お金」という印象がある方も多いかもしれませんが、ご自身にとってプラスになることであれば投資でいいと私は考えています。

それでは、実際の自分の支出をチェックしてみましょう。

「支出の内訳なんて、すぐにはわからない！」という方は、まずは今あなたが何にお金を使っているのかを確認するために、家計簿やおこづかい帳をつけてみましょう。いきなり家計簿やおこづかい帳をつけるのはハードルが高いという人は簡単に手帳に書き込むのもいいですし、アプリなどをダウンロードして使ってみるのもいいでしょう。自分でお金の流れがわかればいいので、無理せず自分に合った続けられる方法を選んで実践してみてください。

3ヶ月くらいつけると、自分の支出の平均が大体わかってきますので、

・年間予算を組んでみる
・月の予算を組んでみる

にチャレンジしてみてください。

いかがですか？　予算と、現実の自分の状況を比べてみてください。

「予算よりも実際には浪費が多いかも……」と気づいたなら、あなたは【現代版プリンセス】になるスタートラインに立ったということです！

まずは、自分のお金の流れを把握することが大切です。難しく考えずに以前よりも自分の現在地がわかるようになったなら、ＯＫです！

この書籍の活用方法

仕事のあり方がどんどん変わっていき、年金制度についても不安がある今、誰もが自分の将来を考えるちょうどいいタイミングです。

つまり、今！　今より早いタイミングはありません。今からさっそく自分の人生を変えていきましょう。

【Ｓｔｅｐ１】今の生活、自分の現在地を知る
【Ｓｔｅｐ２】理想の生活、理想の自分の未来図を描いてみる

本書に出てくる内容は、「ほかの本で読んだ」「セミナーに出て知ってるよ！」という方もいると思いますが、実践できていますか？　1人で考えて続けていくというのは、簡単なようで難しいことだと思います。この書籍では、ワークを設けているので、ぜひ取り組んでみてくださいね。

【Step3】現状と理想のギャップを知る
【Step4】ギャップを埋めるためのステップを考える

今のあなたと理想のあなたのギャップを見つめてください。このギャップを埋めるためにはどうすればいいのか、そのヒントもこの書籍のなかに詰まっています。

【Step5】行動、実践！

一番難しいことですが、行動・実践していくなかでぶつかる強敵や壁に打ち勝つための方法も記載しています。ぜひ活用してみてください。

本書は、あなたが自分の人生を考えるきっかけになれたら、そして副業を通してあなたの理想の人生を手に入れてもらうために役立てていただけたらと思い執筆しました。具体的な成功法則だけではなく、あなた自身がどのようにして理想の人生を叶えていくのかを考えていただける内容になっています。本書を活用して【現代版プリンセス】になってください。

Contents

Lesson 2

あなたに合った副業・収入の増やし方はどれ？　69

実践！　収入の柱の増やし方

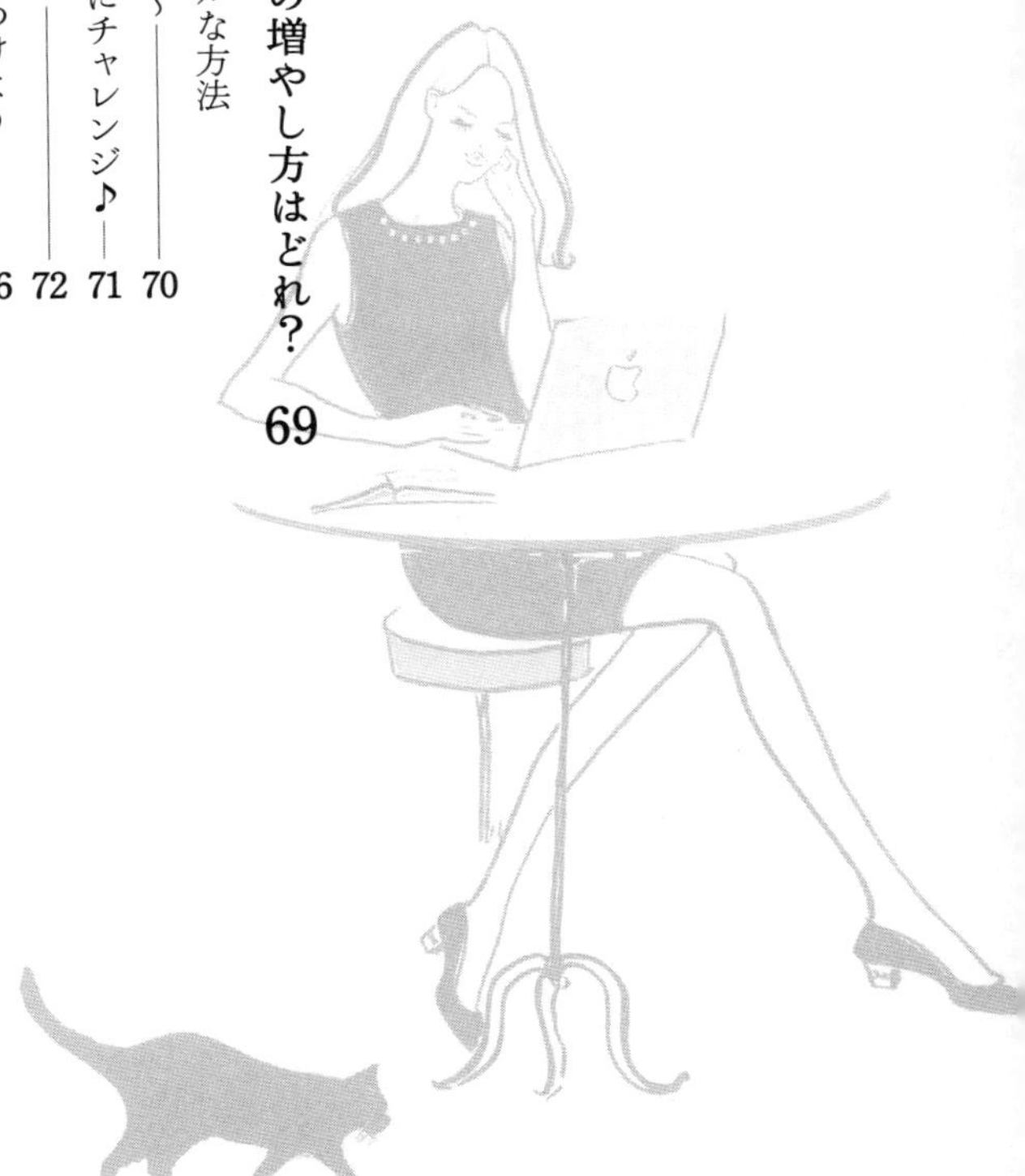

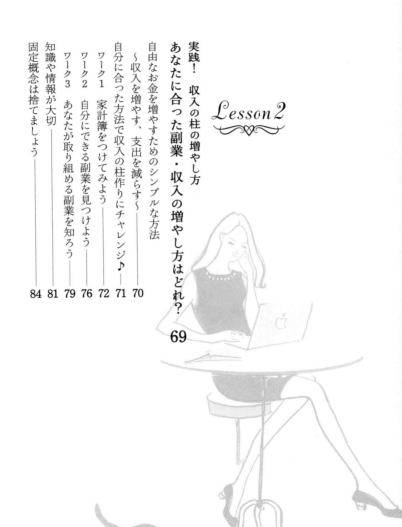

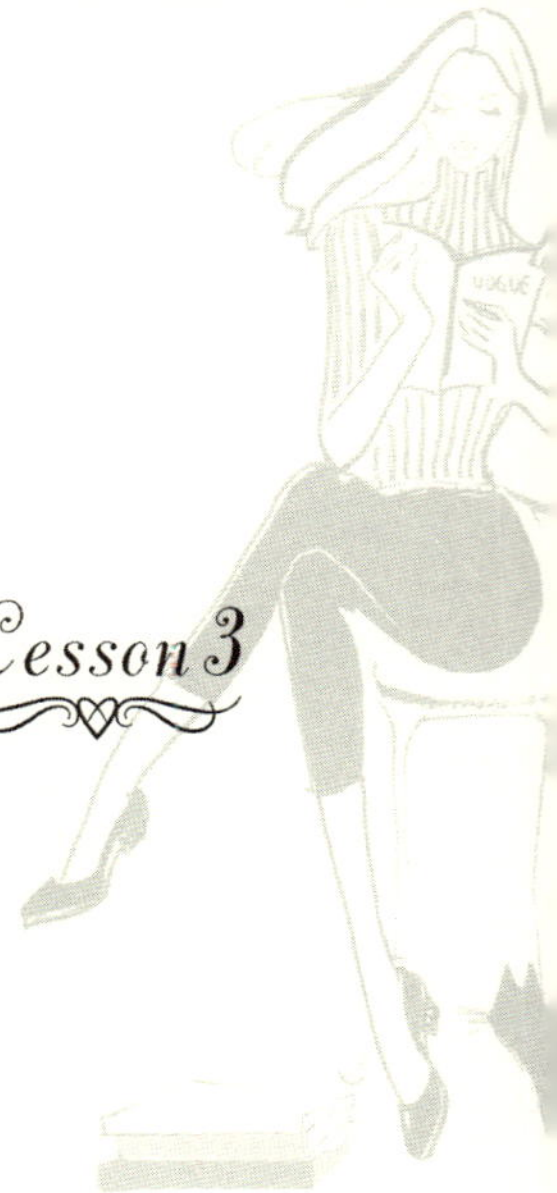

Lesson 3

Lesson 4

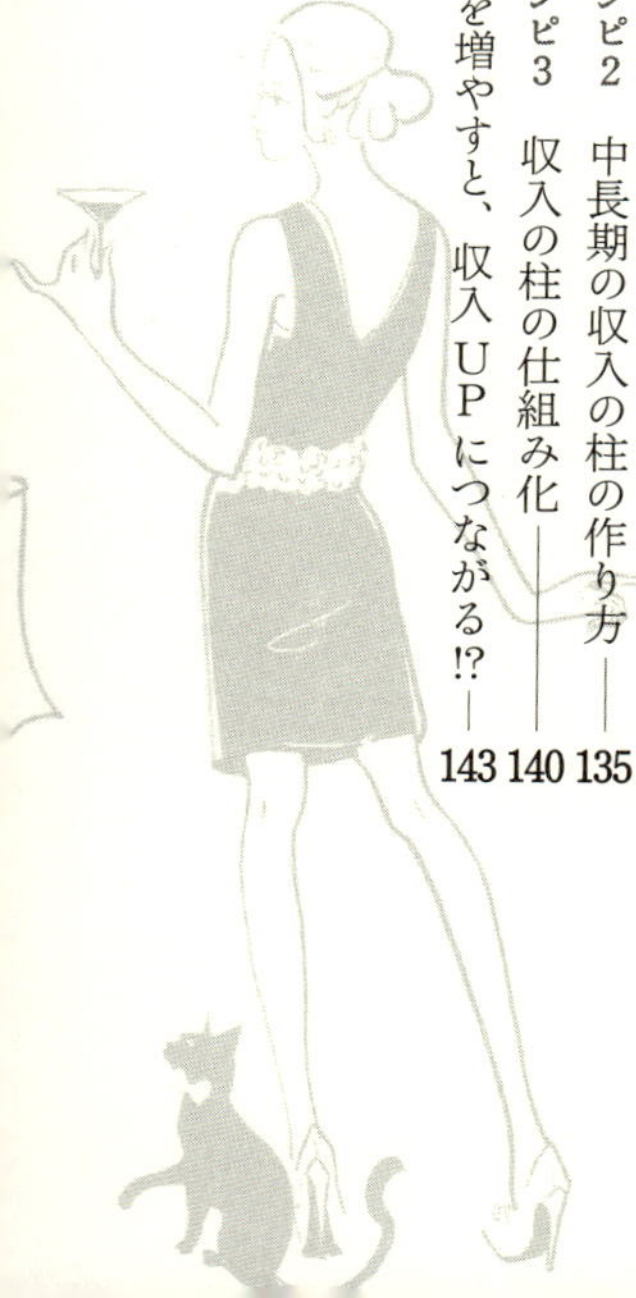

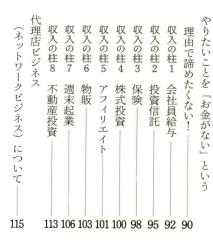

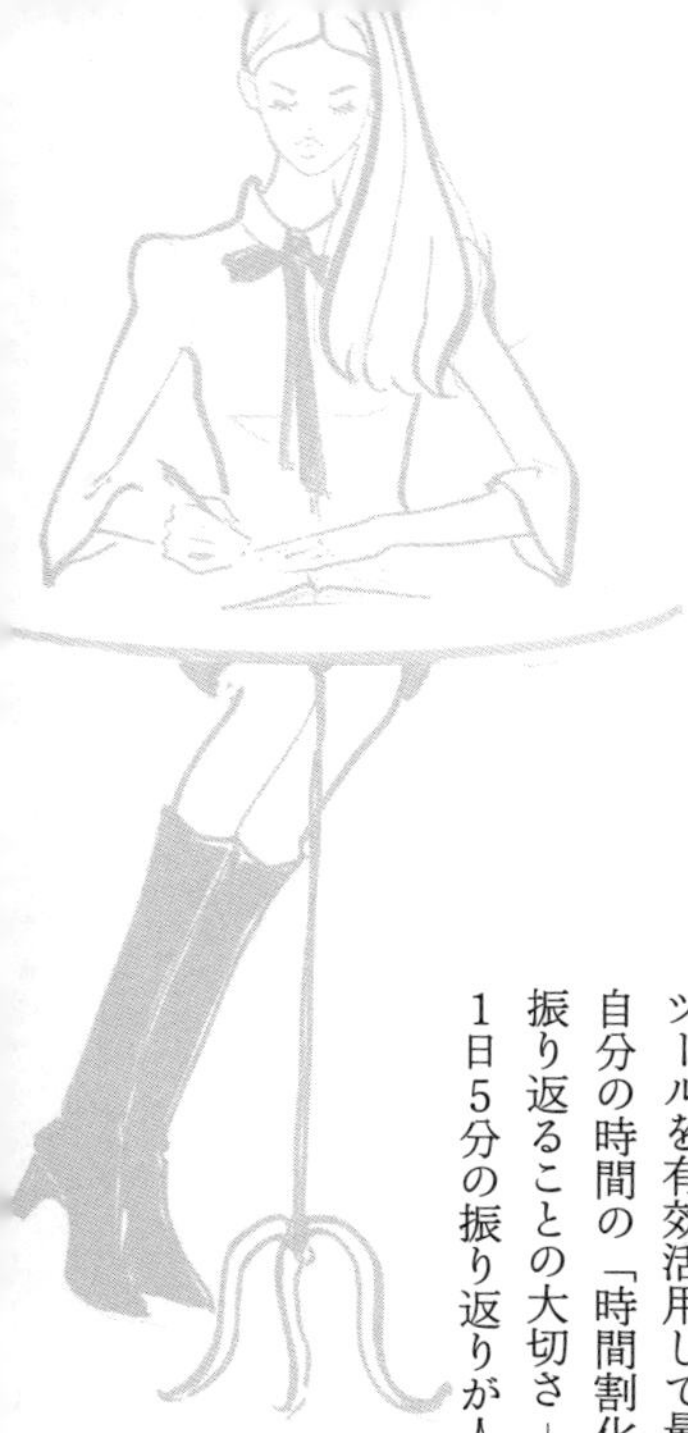

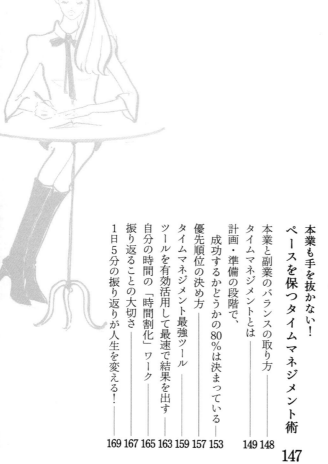

Lesson 5

本業も手を抜かない！
ペースを保つタイムマネジメント術

Lesson 6

理想の生活に向かって、1歩踏み出せる行動力の秘訣 173

Lesson 1

理想の生活から逆算！

あなたが幸せを感じる生活に必要な収入は？

♡準備が大切！　～目的地を描いて、現在地を知る～

本書は、収入の柱を増やすことをテーマにしています。あなたが収入をアップしたいと思う理由は、「今よりもゆとりのある生活をしたい」「理想の生活をしたいから」ということが本音ではないでしょうか？

私自身も理想の生活（仕事、家、家族、趣味、夢）を実現させるためには、会社員のお給料だけでは定年退職まで頑張っても叶わないと気づき、まずは自分の生活を満たすために収入の柱を増やすことにしました。

しかし、自分の理想の生活がどんなものかわかっていなければ、

・どのくらい収入を増やせばいいのか
・何に取り組んだらいいのか

といったことがわからないので、行動することができません。

例えば、何か物事を新しく始めるとき、あなたは最初に何から始めますか？　必要なものを買う、必要なスキルや資格を学ぶ、仲間を見つけるなど、いろいろな方法が思い浮かぶことでしょう。そのどれも大切なことですが、まずは次の3つに取り組んでみることが重要です。

3つのポイント

・ゴールを設定する
・現在地を把握する
・現在地とゴールのギャップを知り、ギャップを埋めるための行動を考える

何か物事を始める際には、まず始めにこの3つのポイントに取り組むことで、目標（ゴール）を成功・達成する確率がグッと高くなりますし、ゴールまでの行動をスムーズに進めることができます。

まずは、理想の生活を具体的にしていきましょう。そうすると、あなたがこれから何をするべきなのかが見えてきます。

ただし、理想の生活を描くだけではNGです。「ゴール（理想の生活）を設定する」とともに、「現在地（現状）を知る」こともとても大切です。

ダイエットで例えてみましょう。「48kgまで痩せたい！」というゴールを設定したとします。いったい何kg落としたらいいでしょうか？　48kgまで痩せるために、マイナス3kgを目指したらいいのか、マイナス20kgを目指したらいいのかで、取り組む方法も期間も変わってきますよね。

また、カーナビで例えてみま

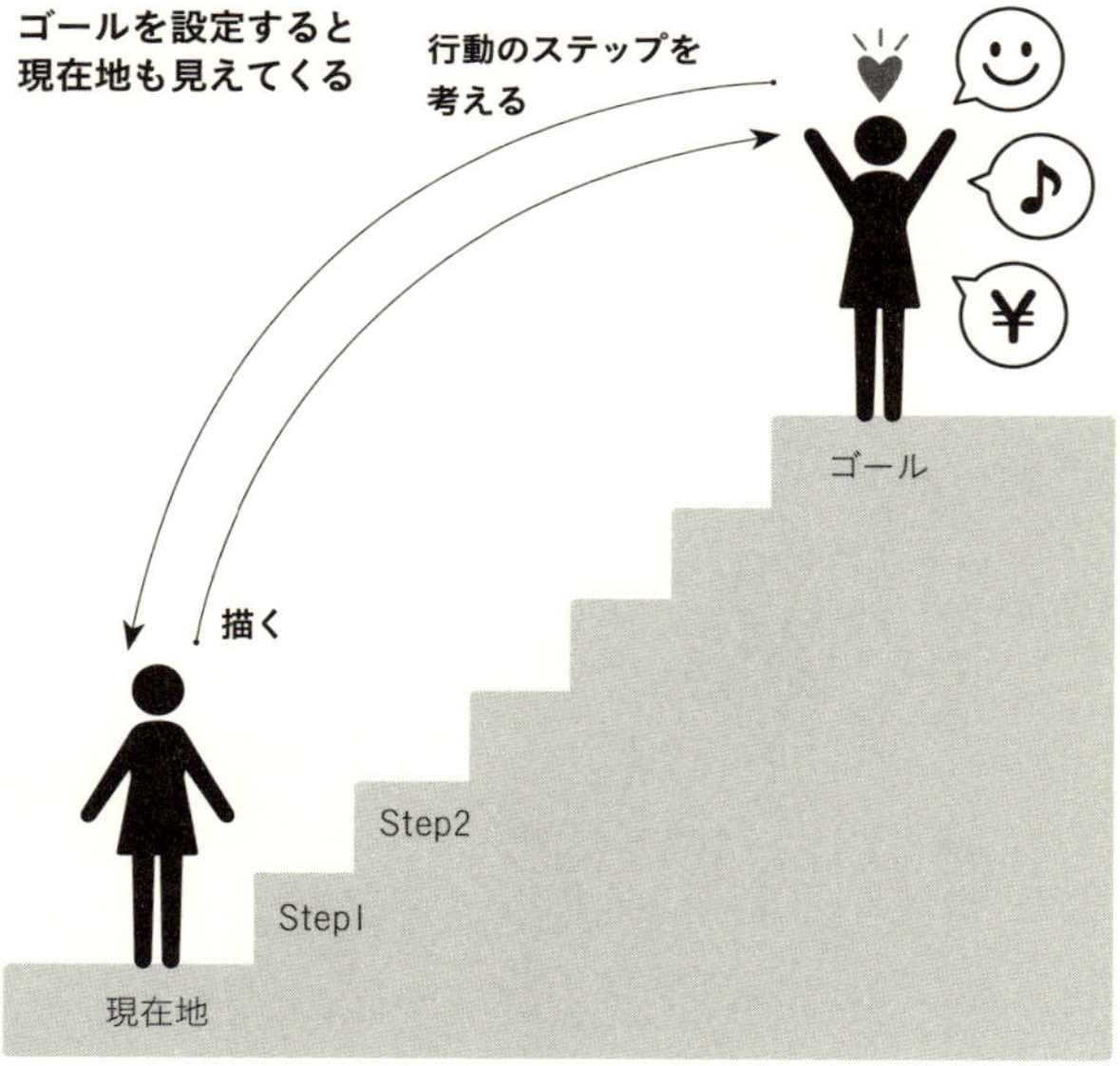

しょう。「東京タワーに行きたい！」と目的地を設定したとしても、現在地が東京駅なのか、それとも成田空港なのかで、行き方も移動手段も変わります。

このように、理想の生活を手に入れるためには、ゴールと現在地の両方を理解して、自分に合った方法を見つけて取り組む必要があります。

Ｌｅｓｓｏｎ１では、【ゴール＝理想の生活】と【現在地＝今の生活】を知るためのワークをご案内いたします。さっそく紙とペンを用意して、取り組んでみてくださ い！

ワーク１　理想の生活を知ろう

まずは、理想の生活を具体的にしていきましょう♪


【質問】どんな場所・家に住みたいですか？

一軒家？　それともマンション？　住みたいエリアや家の間取りも想像してみてください。

（例）高級マンション、半蔵門、３ＬＤＫ、など。

【質問】どんな働き方がしたいですか？

今の仕事を続けたいですか、それともほかにやりたい仕事がありますか？　働くなら、休日は一週間に何日欲しいでしょうか。どのくらいお給料が欲しいですか？　自由に想像してみましょう。

（例）今のまま会社員を続けるけれど、残業はしたくない！　ボランティア出社はなしで、土日祝は休み。自分の時間をしっかり確保したい、など。

【質問】どんな人とつながっていたいですか？

家族や友達、仲間など、今ある大切なつながりだけでなく、これからどんな人とつながっていきたいですか？　いっしょにいると居心地の良い人、自分を成長させてくれる人、自分を助けてくれる人……。どんな人とつながりたいか、イメージを膨らませてみましょう。

（例）会社のなかなら〇〇さんの下で働いてみたい、△△セミナーをされている□□

先生と友達になりたい、など。

以上の質問に対して、できるだけ具体的に書き出してみてください。どんどん書いていくためには、「こんなのムリだ」と決めつけないで、自由に書いてみることです。想像することは自由です！　まずは、自分の理想をはっきりさせてみましょう。質問の答えを書いたら、次に、質問の答えを実現するためにかかりそうな費用を考えてみましょう。質問の答えの横に、費用を書き出してみてください。

ここで理想の生活をさらに知るために、書き出してもらいたいことがあります。それは、「やりたくないこと」と「やらなくてもいいこと」です。

【質問】あなたがやりたくないことは、どんなことですか？

やりたくないことをしなくていい状態というのもまた、理想の生活の１つではないでしょうか。やりたくないことを書き出すことで、「やりたくないことをやらずに済ませるためにはどうしたらいいか」を考えることができます。

例えば、私はやりたくないことの1つに「毎日の家事」があります。食事のメニューを考えて、買い物に行って、料理を作って、洗い物をして……と、家事をする時間によって自分の好きなことができる時間が少なくなることがとってもイヤでした。

そこで、「家事は全て外注したい！」と思ったのですが、お金もかかるし、地方に住んでいるのでサービス自体も少ないのが現実です。そうなると自分でやるしかないのですが、

・買い物はネットスーパーを利用
・作り置きや下準備をまとめて行い、毎日の料理にかかる時間を短縮
・洗い物はパートナーに担当してもらう

など、やりたくないことをやらずに済むような準備をすればいいと気づきました。この準備の部分が、理想の生活に近づくステップであり、最終的には家事を外注するという理想の生活につながっていきます。

【質問】あなたがやらなくてもいいことはどんなことですか？

「基本的には毎日しなくてはならないけれど、しなくてもいいならやりたくない！」と思うことも、書き出してみてください。

（例）料理、洗濯、会社でのお茶だしなど。

いかがでしょうか。自由に想像できましたか？　次のワークでは、理想の生活をもっと具体的なものにしていきます。ぜひ楽しみながら取り組んでみてください。

ワーク2　人生でやりたいこと100を書き出してみよう！

【質問】お金や時間に制限がないとしたら、あなたはどんなことがしたいですか？

絶対に失敗しないとわかっていたら、どんなことにチャレンジしてみたいですか？

あなたがやってみたいことを、自由に楽しく想像してみてください。そして、どんどん紙に書き出してみましょう！

さて、どのくらいのやりたいことが出てきましたか？

おそらく、「100個完成できました！」という人は少ないと思います。

私は毎年年末に、このワークに取り組んでいますが、初めて行った4年前は、100

お金や時間に制限がないとしたら、
あなたはどんなことがしたいですか？

♥ チャレンジしてみたいことは何ですか？

・世界一周旅行
・バンジージャンプ
・カジノ　など

♥ どんな家に住みたい？

・可愛い家具がある
・ものがない部屋
・ワンちゃんと一緒　など

♥ 理想のライフスタイルは？

・旅行はファーストクラス
・素敵なパートナー
・週末はミシュランの店　など

♥ 会いたい人、会ってみたい人は？

・芸能人　・憧れの人
・友人や家族　など

♥ 学んでみたいことは？

・語学や資格　・技術
・習い事　など

♥ 素敵と言われる女性になるためには？

・健康維持　・ダイエット
・エステ　など

♥ 行きたい場所、行ってみたいところはどこですか？

・旅行先　・飲食店
・世界遺産　など

♥ 行きたいイベントにはどんなものがありますか？

・ライヴ　・美術展
・マラソン大会　など

♥ 仕事で達成したいことは何ですか？

・昇格や昇進　・転職
・起業で成功　など

♥ どんな方法での収入が欲しいですか？

・株の配当金　・不動産収入
・FX 収入　など

♥ 作ってみたいものは？

・料理やお菓子　・会社やお店
・本や歌や絵　など

♥ ほしいものは？

・鞄や靴　・家具や家電
・マイホーム　など

♥ ワクワクすることは？

・新しいことを学ぶ　・旅行
・お金が増える　など

個書き上げるのに3ヶ月かかりました（笑）。自分の理想の人生なんて、考えたこともなかったし、日々の生活や仕事に追われて、そんな余裕がなかったからです。

そんな私でも、毎年考えて行動して、振り返りを繰り返すことで、今では100個のやりたいことをスムーズに書き出せるようになりました。

人生でやりたいことを100個書き出すにはコツがあります。

「やりたいこと＝大きな目標」とすると、この大きな目標を達成するために「小さな目標＝実現するためのプラン」がたくさん出てきます。

大きな目標と小さな目標はセットであり、どちらが欠けても理想の人生は手に入れることができません。右の表のように、書き出したものをできるだけ具体的な小さな目標に落とし込んでいってみましょう。

（例）大きな目標……今の体重から、マイナス10kgのダイエットを成功する
これだけだと、具体的に何をしたらいいのかわからないので、行動できません。そこでこの大きな目標を達成するための小さな目標を思いつく限り挙げてみるのです。

（例）小さな目標

・野菜中心の食事を摂る
・腹八分目の食事量にする
・デトックスのために月１回ファスティングをする
・移動のときは階段を使う
・毎日ストレッチをする
・半身浴をする
・体重記録をつける
・食べたものの記録をつける
・食事は就寝時間の２時間前までに済ませる

このくらい具体的にすると、行動に移せますよね！　さっそく、あなたも先ほどやりたいことを書いた紙を見直してみてください。大きな目標から、小さな目標を立てることができるものは、小さな目標を書き出してみましょう。

いかがですか？

やりたいことが100個、出てきたでしょうか。もしくは、100個に近づくことができたのではないでしょうか。そして、大きな目標を達成するためにはどんなことをしたらいいのか、見えてきたはずです。

ここまでのワークで、以前よりも自分が理想とする生活のイメージが具体的になったと思います。そして、理想の生活を実現するために必要な費用も、おぼろげながらイメージできている人もいることでしょう。

「はじめに」でもお話しましたが、私も、理想の生活をするために必要な費用を書き出しています。費用まで算出できる人は書き出してみるといいでしょう。

ちなみに、「はじめに」でお話したのは、2016年末の私の理想の生活です。理想はどんどん成長して、2017年末にワークに取り組んでみたら、月々の生活費は100万円もプラスになっていました(笑)。つまり350万円ということです！なぜ1年で理想の生活を実現するための費用が月々100万円も増えたのかというと、周りにいる人が変わったことが大きな要因だと思います。

自分のやりたいことを実現するために行動することで、数々の出会いがありました。その例をいくつかご紹介します。

（例1）好きなことを仕事にするために、起業塾に通ったこと。

起業塾では、パソコン1つあれば、世界中どこにいてもできるような仕事、そんな私が理想とする働き方を実現している講師と出会いました。さらにそういった働き方を実現したいと思っている方々と仲間になることもできました。

（例2）投資コミュニティやビジネスコミュニティに加入したこと。

そういった、いわば「お金に働いてもらう」ことを学ぶコミュニティに参加することで、資産を何倍にも増やす方法などを学びました。また、お金に働いてもらうことを実現している講師や仲間にも出会うことができました。

（例3）とにかく行動してみたこと

転職で、友達もいない慣れない土地でどうしたらいいのかわからない生活をしていました。ですが、自分の理想は叶えたい。そのために、必要だと感じたことは全てやってみる！　と決めて、岡山在住でも毎週末東京や大阪に遠征していました。

「移動距離は収入に比例する」と、最近セミナーで出会う方に言われますが、おそらく、必要な情報や知識を得て、行動しているので、収入という形で現れるのかなぁと思います。

また、好きなことをしているだけですが「フットワークが軽く、いつも何かを学び行動し続けるまどかちゃん」という印象をＳＮＳの投稿で感じていただけています。

こういった会社員としての生活を送るだけでは出会わない方々と出会い、時間を共有することで、

「こんな働き方があるんだ！」
「こんなビジネスがあるんだ！」
「こんな収入の柱の作り方があるんだ！」

と、それまでの自分が知らなかった知識を得、常識を覆されました。

「自分の周りにいる5人の平均収入=自分の年収」と言われますが、この1年でつな

がった人たちの年収は、私の5倍以上の方ばかりです。

自分の周りにいる人が変わると、行く場所も、食べるものも、服装も、少しずつ変わっていきます。

私は、今は夫婦2人の生活を送っていますが、いつかは子どもが欲しいなぁと思っています。この本で紹介しているワークをするときは、「子どもを授かったら」という想像をしながら行っています。


生き方は人それぞれです。

独身で生きていきたいという方もいれば、結婚したいという方もいるでしょう。結婚しても、子どもが欲しいという方もいれば、子どものいない生活を望む方もいます。子どもの人数も人それぞれ、希望が違うことでしょう。

ぜひご自身の希望や理想をふまえてワークに取り組んでみてください。

ワーク3 今の現在地を知ろう

理想の生活を実現するためには、理想と現実のあいだにどのくらいのギャップがあるのかを把握することが大切です。さっそく、次の質問をチェックしてみてください。

【質問】現在の生活にかかる費用はどのくらいですか？

「はじめに」でも、現在の生活にかかる費用について質問しました。まずは、月々の生活費について書き出してみましょう♪

先ほど書いていていただいた、理想の生活にかかる費用の横に書いていくと、今後のワークが進めやすいですよ！

私、藤咲まどかの場合、月々の生活費は私のお給料から出しており、お給料から生活費を差し引いた残りが私のお小遣いになります。お小遣いは、自己啓発（セミナー代・書籍代・参加しているコミュニティの会費・交通費など）や起業の経費に充てています。私のお給料から出している生活費は、現金でパートナーが管理しています。

・家賃　2.5万円（会社からの家賃補助を差し引いた、自己負担額です）
・生活費　5万円（食費・日用品費・クリーニング代など）
・光熱水費　2万円（プロパンガス代・電気代・水道代）
・通信費　2万円（キャリアケータイ・格安スマホ・Ｗｉ‐Ｆｉそれぞれの代金の合計）
・奨学金返済　2.5万円（学生時代に借りていたので自分で返済しています）

パートナーのお給料は、主に年払いの支出に充てています。それは例えば以下のような支出です。

・旅行費用
・保険代
・交際費
・車維持費（保険料・税金など）
・投資
・ふるさと納税

以上の支出については、夫婦で共有できるようにまとめて紙に印刷しています。今はスマホのアプリなどもありますので、アプリを活用してもいいかもしれません。そして、月初めに振り返りタイムと（私たちは呼んでいますが）、目標設定の時間を取るようにしています。この時間は本当に大切な時間ので、Ｌｅｓｓｏｎ５で詳しくお話します。

自分の現状を把握するために、振り返りはとても大切です！　毎月１回でもいいので、振り返りタイムを持つと、自分の良いところや悪いクセに気づくことができるようになります。

最初から自分の理想通り完璧にできる人なんていません！　少しずつでいいので良いところを伸ばし、悪いところや苦手なところを改善するように取り組んでみましょう。それが、あなたの理想の生活を実現するための第１歩となります。

【質問】現在の１日の労働時間はどのくらいですか？

実働時間を書き出してみてください。

（例）会社員としての労働時間は１日８時間。１日の残業は、平均すると２時間。

【質問】現在の収入の柱は何ですか？

収入の柱をすでに複数持っている方は、それぞれどのくらいの収入がありますか？

（例1）会社員の収入＝手取りで月々22万円。

（例2）起業での収入＝手取りで月々18万円。

（例3）ブログのアフィリエイト収入＝月々2万円。

いかがでしょうか。現在の自分の支出と収入、そして労働時間について把握することができたと思います。今回のワークをもとに、次のワークではあなたの「今の価値」について考えてみましょう！

ワーク4　今の自分の価値を知ろう

自分の価値を知ることは、とても大切なことです。「理想を描くだけで叶う」なんて夢見がちなことを言わないのが、現代版プリンセス。まずは、「収入」という金額で、自分の価値を把握しましょう！

【質問】今のあなたの時給はいくらですか？
今のあなたの価値を知るために、年齢や職業も書き出してみてください。
今回は、税金や社会保険料、年金、割増賃金は考えないものとします。

田中花子さんの場合

年齢：28歳　**居住地**：東京在住
職業：アパレルメーカー正社員
職種：販売
労働形態：週休2日、1日8時間労働
（月22日程度出勤）
収入：総支給額22万円
（手取り17万円程度）

自分のお給料を計算するための公式

お給料の総支給額 ÷ **勤務日数** ÷ **1日の勤務時間**
＝あなたの時給

▶花子さんの場合
22万円÷22日÷8時間
=1250円／時間

あなたが1ヶ月間、お休みも寝る間もなく働いて得られるお金の公式

あなたの時給 × **1ヶ月の日数** × **24時間**
＝あなたが得られるMaxのお金

▶花子さんの場合
1250円×30日×24時間＝90万円

右の田中花子さんの例でのMａｘの月給は、1ヶ月間、寝ることも休憩することもなく働き続けた結果、手に入れることのできる金額です。実際に、寝ないで休みなく

働くなんてことができるでしょうか？　無理ですよね？　私ならしたくないですし、理想の働き方ではありません。

私も起業しようと思った当初、そのときの自分の時給を計算してみると、１５００円にもなりませんでした（笑）。この事実を知ったとき、「社員としてこんなに頑張っているのに、アルバイトの時給と変わらない！」と、ショックを受けました。

しかし、自分のＭａｘを知ったことで「今のままでは、理想の生活なんてできない！」と納得しましたし、「会社員以外の収入の柱を作らなければ！」ということに気づくこともできました。

【質問】あなたが得意なことは何ですか？

次に、あなたができることや、得意だと思うことを書き出してみてください。自分では「たいしたことない」と思っていることでも、周りからは「すごい！」と思われていることもたくさんあるものです。

今回は、例として、私のできることや得意なことを書いてみます。

（藤咲まどかの場合）
・本を速く読める（たくさんの本を読んでいます）
・行動力がある（実際は、好きなことや興味のあることをやっているだけという感覚ですが）
・お金が大好き（みんなに公言しています♡）
・訪問販売で高級な布団を売っていた＝寝具の知識がある（このことを周りの人に話すと、意外なことに、みんな寝具について聞いてくれます）

「自分の得意なことがわからない！」という方や、「自分で考えるのは難しい！」という方には、テストがオススメです！　自己診断ができるテストがあるので、試してみてはいかがでしょうか。有料で行うテストですが、自分では気づくことができない「自分の価値」を知ることができるので、やってみて損はないと思います。

実際に私がやってみて、オススメの自己分析テストをご紹介します。
・ストレングスファインダー

・自己分析遺伝子検査キット（ＧｅｎｅＬｉｆｅＭｙｓｅｌｆ２.０（ジーンライフマイセルフ））

・エニアグラム

【質問】あなたがやりたくないのにやっていることは何ですか？

この質問、見覚えがあるかもしれません（笑）。今一度書き出してみてください。前に書いたときよりも増えてもＯＫです！

「本当は、こんなこと自分以外の誰かに任せてもいいんじゃないか」と思うような、やりたくないことも書いてみましょう。

目の前のやりたくないことをあげるのも大切ですし、視野を広げて10年後、30年後、50年後にやりたくないことを考えてみるのもいいでしょう。

私の場合は、相変わらず「家事全般」がやりたくないことなのですが、将来的にやりたくないと考えていることがあります。

〝30年後に藤咲まどかがやりたくないこと〟

義両親・母の介護や主人の実家をリフォームするための荷物整理などは、できればやりたくないと思っています。1週間に1度くらいの頻度の介護であればお互いに楽しんで過ごせるかもしれませんが、毎日の介護となるとストレスが溜まりそうなので、義両親・母と良い関係でいるためにも、外注したいところです。

〝50年後に藤咲まどかがやりたくないこと〟

50年後といえば、私は80歳近くになっていますが、病気や入院などはしたくないです。仕事がないから、会う人がいないからと家の中で引きこもるような生活もしたくないです。

こんなふうにやりたくないことを書き出すと、ほかの人から見たら、とても自分勝手な人に思えるかもしれません。しかし、私は自分自身が満たされていないと、純粋な気持ちで「誰かのために」と行動できないのです。

ですから、私はやりたくないことは「極力」しないし、自分の好きなことばかりしています。あなたも、「やりたくない」と思っていることをありのままに書き出してみてください！

いかがでしたか？　理想の生活と、現在の生活のギャップがはっきりしてきたのではないでしょうか。今回のワークの結果も、大切に持っておいてくださいね。

ワーク5　今までの結果を振り返ろう

今まで行ってきたワークの結果を見直してみてください。理想の生活にかかる費用と現在の月収を比べてみると、現在の収入を何倍にしたら理想の生活をすることができるでしょうか？　その倍数分だけ、収入アップのために努力をしたり、収入の柱の仕組を作ったりする必要があります。

お金がないからと、我慢する生活をやめて、お金を生み出して理想の生活がしたいと思いませんか？

現在の収入に差があったとしても、誰にでも平等に与えられているものがあります。

それは、「時間」です。誰にとっても1日24時間というのは平等で、限られています。

では、同じ仕事をしているのに、お給料が違う人や、自由な生活を満喫している人は、なぜそのような生活ができると思いますか？

それは「時間の質」を上げて仕事をし、収入や資産の「仕組み化」を行っているからです。そのためには、1時間の〝質〟を上げて、あなたの時給を高くする必要があります。反対にいえば、1時間の〝質〟さえ上げれば、理想の生活ができるようになるのです！


時給を上げる、収入を増やすためには、いろいろな方法があります。

私は結婚を機に、どのように家計の管理をしようか悩んだ時期があり、主婦雑誌やブログを読み漁りました。そのなかで「この人は天才なんじゃないか!?」という方をブログで見つけ、見よう見まねでその方のやり方をマネし、1つの収入から2つの収入の柱を生み出す仕組みを作ることができました（詳しくはＬｅｓｓｏｎ3で！）。

また、２０１６年の年末には、知人から宮本佳実さんの『可愛いままで年収

1000万円』(WAVE出版)という本を勧めてもらい、この本によって、「自分の好きなことで仕事ができるんだ!」と、気づくことができ、週末起業を決意しました。

ほかにも、人生を変えるような言葉が詰まった良い本がたくさんあります。

さまざまな本を読むことで、良い意味で固定観念が崩れ、自分の知らない世界を知ることができます。人間とは面白い生き物で、想像できないものは、実現しないようにできています。ですから、「こんな仕事があるんだ!」と知らなければ、その仕事に就くことはできませんし、「芸能人みたいに豪邸に住んでパーティするような生活がしたい」と思っても、そんな生活があると知らなければ実現どころか、思い描くこともできません。

まずは、具体的に「それまでのあなたが知らなかった仕事や働き方」を見つけてみましょう!

ここでは、「こんな働き方や仕事があるんだ!」と気づいてもらえる、私のオススメする本をいくつかご紹介します♪

・『可愛いままで年収1000万円』(宮本佳実・WAVE出版)
・『寝ながら稼ぐ121の方法』(ジェームス・スキナー・KADOKAWA)

・『稼げる！　自分に合った副業が必ず見つかる！　副業図鑑』（戸田充広・総合法令出版）

♡未来は変えられるからこそ、現状に後悔しない

ワークを進めてきて、「なんで昔もっと勉強しておかなかったんだろう」「自分の好きなことばっかりして、貯金しておかなかったんだろう」と後悔していませんか？

でも、あなたは、後悔する必要なんてありません！

あなたが今までしてきた選択に、「間違っているものなんて1つもない」からです。

優先順位は1人1人違います。仕事・お客様が第一の人もいれば、家庭・家族が第一の人もいます。「あのときに行動しておけばよかったのに」と周りの人に言われても気にしないでください。そのときのあなたには、ほかの人にはない、あなたの優先すべきことがあったからです。あなたが置かれていた状況（「学生で部活が忙しかった」「子どもが熱を出してしまった」「夫の転勤で仕事を辞めざるを得なかった」など身分や環境だけでなく、そのとき身につけていた知識や心理状態なども含めて）のなかで、

あなたは精一杯過ごしていたはずなのです。

あなたは、自分にできることを行ってきたのです。ですから、ほかの人と自分を比べたり、過去を後悔したりする必要はありません。過去の経験があるからこそ、今のあなたがいて、自分と同じ経験をしている人に優しく接することができるのです。ですから、どうか自分のことを受け入れて、認めてあげてください。

今、あなたは、理想の生活を描くとともに現状を確認しました。

「どうにかして、理想の生活を手に入れたい！」と感じていますよね？

過去は変えられないけれど、未来は変えることができるのです！　過去は今までの積み重ね、未来は今からの積み重ねです。

今から、あなたはたくさんの選択を迫られることになるでしょう。日常のなかにある小さな選択や、人生を左右する大きな選択。そのときは、自分の理想の生活に近づく選択をしていってくださいね。そうすると、気づいたときには理想の生活にどんどん近づいていているはずです。

♡理想と現実のギャップを埋めるために取り組むこと

理想と現実のギャップを埋めるためには「小さな目標を設定すること」が大切です。いきなり大きな目標を達成しようとすると、時間も労力もかかります。そのため、途中で挫折して、「やっぱり自分にはできない！」と、諦めてしまう方が80％を越えると思います。


例えば次のような26歳の女性がいるとします。

理想の生活を書き出した結果、「月に１００万円の収入が欲しい！」ということに気づきました。

「でも、会社員のままだったら無理だし、どうやったら１００万円の収入が得られるかわからないし、ＳＮＳを見ると起業したら月商１００万円越えと投稿している人いっぱいいるから起業しようかな？　そういえば、毎月１万円ずつ貯金していた口座の残高が50万円になっていた！　勉強したら、投資もできるかな？」

あなたが、この女性なら理想の生活をするための収入をどのように考えますか？

次の質問を考えてみましょう。

（26歳の女性の例）

1　理想の生活のための月の費用（１００万円）を得るための方法と収入の内訳はどうなっていますか？

・会社の給料→25万円

・株、投資信託→５万円

・起業→70万円

2　理想と現実のギャップを埋めるための行動を考えてみましょう。１の内訳を達成するためにはどうしたらいいですか？

・会社のお給料ＵＰ！→業務に必要な資格を取る、役職のポジションをＵＰさせる、転職する、など。

・株、投資信託→株の銘柄選びをする、レバレッジをきかせる。株や投資信託のための資金繰りを考える、など。

・起業→どんな内容のビジネス（会社）を起業するのかを考える。起業にかけられる時間はどのくらいあるのか、集客はどのように行うかを考える、など。

ただ、月に100万円欲しいとわかっても、「具体的にどうやって収入を得るのか」「そのためにしなければいけないことは何か？」ということまで、考えることが大切です。

例に挙げた女性は、2つの質問で、具体的な小さな目標を考えることができました。

あなたも、小さな目標を書き出してみましょう。そして、取り組むべきことを明確にして、1つ当たり15分くらいで取り組める内容に落とし込み、紙に書き出してください。これで、あなたの小さな目標リストの完成です！

日々のふとした時間（通勤時間や、ランチ休憩など）、に、リストのなかからやることを選択して取り組むようにしてみてください。時間は意識しないと気づかない間に過ぎていってしまいます。

忙しい人ほどやることが明確になっているので、どんどん仕事を進めていきます。

言いかえると、やることが明確だから、たくさんのことができるのです。やることを明確にしておけば、「今時間あるけど何をしよう?」と無駄な考えに時間を取られることなく、理想の未来に繋がる必要な行動を取ることができますよ♪

Lesson 2

実践！　収入の柱の増やし方

あなたに合った副業・収入の増やし方はどれ？

♡自由なお金を増やすためのシンプルな方法 〜収入を増やす、支出を減らす〜

そもそも、お金を増やすための行動はとってもシンプル！

・収入を増やす
・支出を減らす

この2つしかありません！

しかし、支出を減らすためにできる努力って限られていませんか？　例えば、家賃の安い家に引っ越しする、キャリアケータイから格安スマホに変える、電気は電源から切る、冷暖房はつけない、冬は着込む、食費を削る、保険を見直しする……。ここまで努力をしても、節約できる金額は1人あたり1〜2万円くらいです。そこまで切り詰めた生活をして、楽しいですか？　生活の質が低下するのはイヤではありませんか？　支出を減らすにも限界があります。

だったら、収入を増やしたほうが簡単！

だから、私は収入の柱を増やすことを皆さんにオススメしています。

♡自分に合った方法で収入の柱作りにチャレンジ♪

「収入の柱を増やしましょう！」と言っても、皆さん、置かれている状況はバラバラですよね。収入の柱を増やすためにできることを見つけたとしても、「人前に出たくない」「会社は好きだから辞めたくない」「資金がない」「実働はイヤだ」など、足踏みすることもあるでしょう。

無理をしてイヤなことをしても、続くわけがありません。「頑張りすぎて長続きしない」というのが、一番ダメなパターンです。だからこそ、無理なく自分に合った方法で、収入の柱を作る必要があります。

ダイエットで例えてみましょう。

10kg痩せたい！　という28歳のＯＬさんがいるとします。

「痩せるには、食べないのが一番！　昔は1日食べないだけで2kgくらい痩せていたし」といって、ご飯を食べないとします。でも、こんなの続かないですよね。

また、「痩せるには基礎代謝を上げるのが一番！　今日から毎日筋トレだ～！」といって、急に筋肉トレーニングをする。

これも怪我の原因になりますし、筋肉は脂肪より重たいので、〝体重〟という重さでダイエットの結果を見ると満足できないことがあります。

Ｌｅｓｓｏｎ１を思い出してください。10kg痩せようとしても、その人の生活習慣や食習慣、運動習慣によって方法が変わってきます。ほかの人から「この方法なら痩せるよ」と勧められても、自分には取り組むことができなかったり、続けることができなかったりしたら、意味がありません。

収入の柱の構築にも、同じことが言えます。自分に合った方法を選んで、取り組めることから始めていきましょう！

ワーク１　家計簿をつけてみよう

私も、収入の柱の構築をスタートするときは家計簿をつけて、自分のお金の流れを把握するところから始めました。可愛い家計簿を準備するも良し、お金の流れを手帳に書き込むも良し、アプリで記入するも良し、買い物をしたらレシートを取っておいて週に1回振り返るのも良し！　お金の流れを把握できるなら、どんな方法でもＯＫです♪

まずは1ヶ月、今までと同じように生活をしてみて、何にお金を使っているかを把握しましょう。

（藤咲まどかの場合）

固定費

・家賃
・光熱費
・通信費
・保険料
・奨学金

変動費
・食費
・日用品費
・クリーニング代
※大きな支出は、年間予算で計上しています。

私の場合はこんな感じの項目ですが、ほかにもこんな項目がある方もいるかもしれません。

・書籍、新聞代
・外食費
・ペットの費用
・デート費用
・習い事

1週間や1ヶ月など、自分のお金の流れを振り返る期間を決めて、無駄な支出や有意義だった支出を確認してみましょう。「はじめに」でご紹介した、支出の３つの分類（消費・投資・浪費）を思い出してください。

消費：生活をするために必要なもの
浪費：生活に必要の無い物、ムダ遣い
投資：将来自分に有効につながるなど、生産性の高い使い方

３ヶ月くらい振り返りを続けると、自分にとって心地のいい支出の予算額がわかってくるので、予算内で生活するようにしましょう。

私の場合、１ヶ月の予算が決まるまでは家計簿をつけていましたが、本当は家計簿をきちんとつけるのは苦手なタイプです（笑）。

そこで、

・100円以下の端数は貯金箱に入れる
・毎月変動費の予算を銀行の封筒に入れておいて、そこからお金を使ったらレシートを入れて封筒に金額を記入する

というような工夫をして、どんどん手を抜き（笑）、自分に合ったスタイルに変えてい

きました。

「絶対にこの方法じゃないとダメ！」ということはないので、あなたも自分に合った方法で、お金の流れを把握していってください。

ワーク2　自分にできる副業を見つけよう

前回のワークで、支出のコントロールができるようになったと思います。「さあ、次は収入を増やそう！　どんなことをしようかな？」と行動したくなりますが、それはちょっと待ってください！

収入の柱を増やすために学んだり、調べたり、作業に取り組む時間は、どのくらいありますか？　副業を成功させる鍵は、全てあなたの中にあり、自分を知ることが一番大切です。まずはあなたが副業に取り組むことができる時間をＣｈｅｃｋ！

まずはあなたのタイムスケジュールを書き出してみましょう♪


【質問】あなたの１日のタイムスケジュールは？

平日と休日で違うと思いますので、それぞれ書き出してくださいね。

(例) 以下のような表を作って記入してみましょう。

平日		休日	
1		1	
2		2	
3		3	
4		4	
5		5	
6	起床	6	起床
7		7	
8	通勤時間	8	
9	会社	9	
10		10	
11		11	
12		12	
13		13	
14		14	
15		15	
16		16	
17		17	
18		18	
19	通勤時間	19	
20		20	
21		21	
22		22	
23	就寝	23	就寝
24		24	

副業にかける時間を考えるときに一番大切なことは、本業に支障が出ないようにすることです。そして、睡眠時間もしっかりと確保しましょう。

副業にかけられる時間をタイムスケジュールから考えると、

・平日は起床後と帰宅してからの数時間

・休日は起床〜就寝まで
となります。

自分の使える時間を書き出すことって、普段あまり意識をしないと、ないと思いますが、書き出してみてどのように思いましたか？

私は、「結構時間あるな」と感じました。ですが、この時間の中で、副業だけでなく、プライベートも家事も（ほとんどパートナーにお任せですが（笑））こなさねばなりません。時間とは、あればあるだけ良いというわけではなく、予定がないとだらけてしまうし、やることがあったとしても「またあとでいいや〜」となることもあるでしょう。

ですから私は、休日は空き時間がないように予定を組むことが大好きです♡　その方が、「今日1日めっちゃ充実してた〜♡」と感じることができるからです。

もちろん、お休みもほしいので「今日はのんびりする日」と決めて、家でのんびり読書をしたり、昼寝をしたりする日もあります。

だからこそ、休んでいても、プライベートを楽しんでいても、お金が入ってくる仕組みを作ることができたら最高だと思いませんか？

また、同じ時間で副業に取り組むのであれば、自分の時給を上げて収入の柱を大きくしたほうが良いですよね！

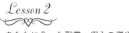

ワーク3 あなたが取り組める副業を知ろう

ここでのワークは、今まで行ったワークをもとに進めていきます。
・Ｌｅｓｓｏｎ1で書き出した得意なこと・やりたくないことのリスト
・Ｌｅｓｓｏｎ2のワーク2で書き出したスケジュール
右の2つのワーク結果を準備してください♪

次ページの図を見てみましょう。この図は、縦軸に「副業にかけられる時間」、横軸に「労働収入・権利収入」を置いたとき、いろいろな副業がどのポジションにあるかを示した、私が考えるポジションの図です。

さまざまな副業のポジション

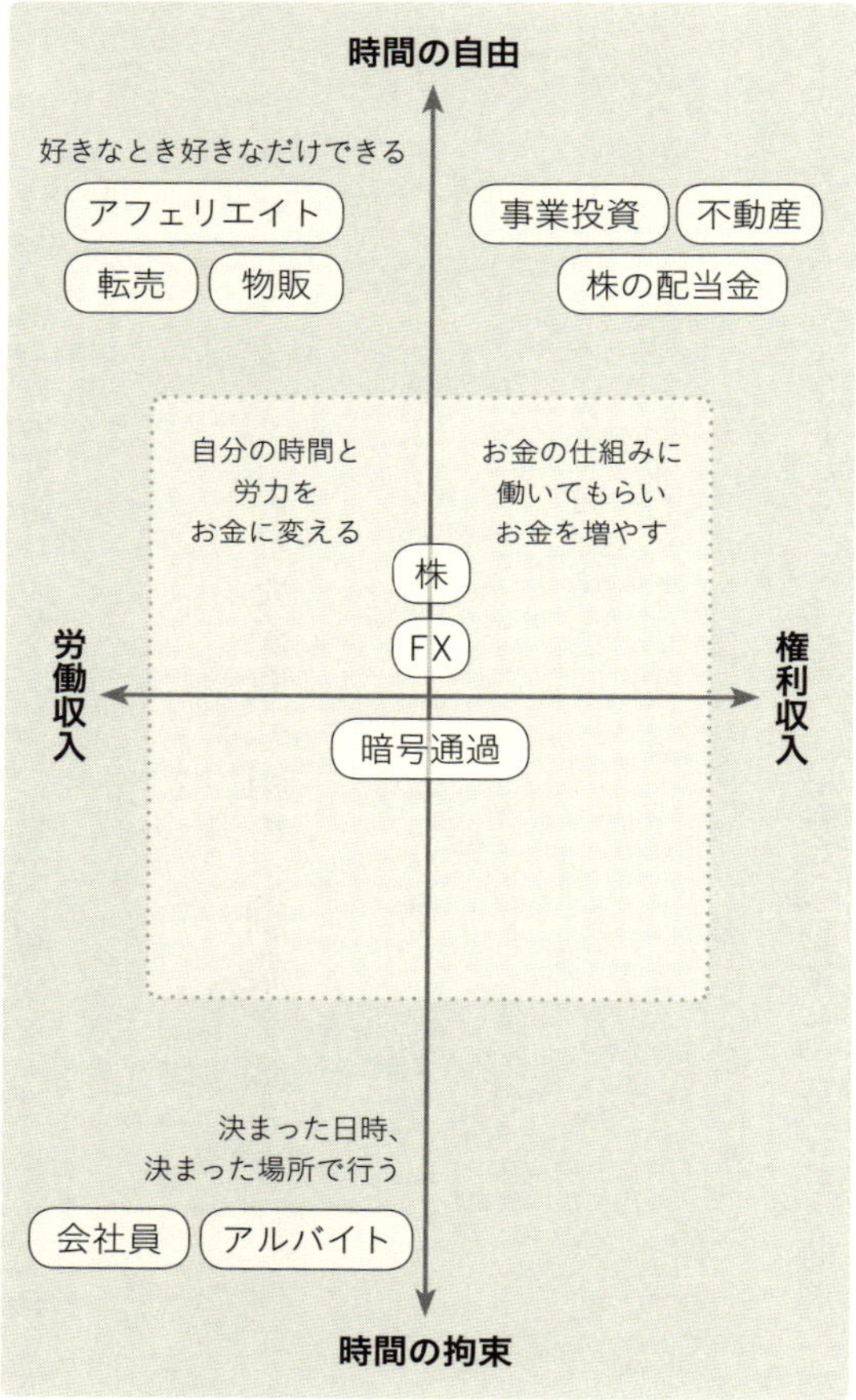

私が行っている副業以外にも、あなたにできる副業があると思います。また、「自分が取り組んでみたいと思う副業」と、「自分に向いている・できる副業」にはギャップがあります。

「副業」と聞くと、本業以外にできる副業は1つしかないと思っている方もいらっしゃるかもしれません。実際は、そんなことはありません！　1つの副業（1つの収入の柱）が軌道に乗ったら、次の副業（新しい収入の柱）を始めてもOKです。

ただし、複数の副業を同時に始めることは、あまりオススメしません。人間は、1つのことしか集中できないようになっています。1つの副業（収入の柱）を完結させてから（見切りをつけてから）次にいったほうが、結果的には早く進むと思います。

私の場合、3年間で8本以上の収入の柱を構築し、今はそれぞれの収入が大きくなるように育てています（詳しくはLesson3でご紹介します）。

♡知識や情報が大切

これまでのワークで、あなたは自分に合った収入の柱を1つでも見つけることができましたか？

収入の柱を作るためには、自分に合った副業を見つけた上で、その副業に対する正しい知識や情報を身につけることがとても大切です。

情報社会といえる現代では、インターネットですぐに情報を入手することができます。従来からあるような雑誌や書籍・テレビよりも、ＴｗｉｔｔｅｒやＦａｃｅｂｏｏｋのほうが、より早く情報を入手することができたりもします。

しかし、その情報は本当に正しいですか？

情報は、発信する側と受け取る側で、価値観も考え方も違います。発信する側の情報が、あなたにとって必ずしも正しいものとは限らないのです。ですから、あなたには、簡単に手に入る情報の全てを鵜呑みにしないで、自分の頭でしっかりと考えて判断できる【現代版プリンセス】になってほしいと思います。

知識は、本を読んだりセミナーに参加したりすることで身につけることもできますが、情報は、ネットではなくリアルなつながりで入手できるものだと思います。

では、「どんな人から学んだらいいのか」「どんなつながりを持つといいのか」気になりますよね。全ては、自分の理想の生活をすでに実現している人から学ぶことが一番です！

あなたの理想の生活が、

・お給料は少なくても、自分の好きなことをしている生活↓それを体現している人から学びましょう！
・収入の柱を構築して実働時間を減らし、1年のうち半分以上は海外旅行に行っている生活↓それを体現している人から学びましょう！
・テレビやメディアで取り上げてもらい、自分の思いを伝えている生活↓それを体現している人から学びましょう！

あなたの理想の生活をすでに叶えている人に、「どうやったらそんな生活ができるようになるのか」を聞いて、マネをすること。これが、あなたが理想の生活を実現するための一番の近道です。

マネをするときは、自己流は入れないでください！ 素直にそのまま実践した人が成功します。それは私自身の経験からも実感していることです。

あなたの身近に、理想の生活をしている存在がいるならラッキーです。その方が取り組んでいることを教えてもらいましょう。取り組んでいることを知っているなら、真似をして、その通りに実践してみてください。

あなたの周りに、あなたが理想とするような生活をしている人がいないなら、別の場所で探してみてください。こんなときに、インターネットは便利です。どんなに遠く離れたところに住んでいる方でも、ＳＮＳやブログなどを通じてコミュニケーションを取ることができます。

正しい知識や情報を得るために、行動していきましょう！

♡固定概念は捨てましょう

新しく収入の柱を構築するために行動していると、必ず壁にぶつかります。会社員とは別の収入の柱を持とうと考えたとしても、実際に行動することができる人は少ないものです。

例えば、友人に「これめっちゃいいビジネスなの！」と何かのビジネスに誘われたとしましょう。

「そんなことしていて、本当に収入が増えるの？」

「失敗したらどうするの？」

とあなたは思うかもしれませんし、周りに相談したら、あなたと同じようにそのビジネスを疑いの目で見る人もいるでしょう。

そこで、周囲の人の意見に流されるのではなく、自分自身で調べて、ビジネスに誘ってきた友人の話を聞いて考えてほしいのです。その結果、ビジネスをするかしないかは、あなた自身が決めてください。これはビジネスだけでなく、投資や資産運用にも同じことがいえます。

周りの人に流されたわけではなく、自分で調べて取り組むときは、自信を持って取り組んで良いのです。

人は、自分の知らないことには恐怖を覚えますので、あなたの行動を肯定してくれない人も出てくるでしょう。「変わった人」と思われることもあるかもしれません。私も、よく変人扱いされますが、みんなといっしょがイヤなので、「変わった人」という言葉は私にとっては褒め言葉です（笑）。

私は、あなたには自分の考えや選択を信じて行動してほしいと思っています。なぜなら、周りの人とあなたの理想はすでに違うからです！　あなたは、あなたの理想に向かって進んでいけばいいのです。

ただし、あなたの理想の生活を実現している人（成功者）に教えてもらうときは、「自分の考え」は捨ててください

「言っていることと違う！」と思うかもしれませんが、これは大切なことです。成功者は最短で成功できる方法を知っています。成功者から学んだ方法を実践している途中で、「こういうふうにしたほうが、もっといいんじゃないか」と自分の考えやオリジナルの方法を取ると失敗します。

実際に成功するまでは、成功者が教えてくれたことをきちんと守ることが大切です。

あなたが収入の柱を構築するために行動するとき、あなたに注意する人・アドバイスしてくれる人は、あなたが理想としている生活を送っていますか？　違うのであれ

ば、その人の意見は、あなたの理想の生活を叶えてくれるためのものではありません。

自分の理想の生活を実現するためには、今までの固定概念も捨てましょう。あなたが、今、理想の生活を実現しているのであればそのままでもかまいません。しかし、今から理想の生活を掴み取るのであれば、

「あれは○○だからやめたほうがいい」

「絶対に成功するはずがない」

と考えたり、行動する前に判断するのはやめましょう。

そして何よりも、アドバイスをもらったら感謝の気持ちを忘れずに！

Lesson 3

会社員でも、資金0でもできる!

藤咲まどかが取り組んだ収入の柱

♡やりたいことを「お金がない」という理由で諦めたくない！

私は、小学校入学前に両親が離婚し、ボロい木造アパートに住んでいました。母は早朝に新聞配達をし、日中は事務員として働き、夜は清掃のバイトに行くという生活をし、自分の睡眠時間を削ってでも仕事をして私を育ててくれました。

ところが、幼いころの私には、自分の家とお友達の家との違いなんてわかっていなかったので、「ピアノを習いたい」「劇団に入りたい」「自転車が欲しい」「ゲーム機が欲しい」と母に自分の欲求を訴えていたことを覚えています。成長するにつれて、「中学受験がしたい」「留学がしたい」とも、言い出していました。

母は、私のためにできることは叶えてくれましたし、どうしてもできないことも代替案を出してくれていました。

高価なおもちゃやゲームは買えないけれど、本だけは好きなだけ買ってくれました。雑誌に載っているお洋服は買えないけれど、似たようなデザインの服を母が作ってくれた、などなど……。

当時はインターネットがそこまで発達していなかったので、代替案を探すのも大変だったと思います。

好きなことをさせてもらっていたけれど、それには満足しないわがままな私は、お金がないからといってやりたいことを諦めるのがイヤで、高校生になると学校に内緒でアルバイトをして、自分でお金を貯めては使うという生活を繰り返していました。

高校卒業時には、自分で稼いだバイト代で宝塚音楽学校の受験スクールに通い、宝塚音楽学校の受験をしました。20代前半は、ローンにかかる利息なんて考えずに、ショッピングローンを組んでいました。その結果、毎月支払いをすることになり、「銀行の残高が1万円もない（汗）」という月が続くこともありました。

しかし、24歳のときに婚約→結婚という人生の節目に逢い、お金の管理を見直しました。このＬｅｓｓｏｎ3では、貯金0からスタートした私の収入の柱の構築について、実例を時間の流れとともにご紹介していきます！

♡収入の柱1　会社員給与

実は私、大学を卒業するときに就職先が決まっていませんでした。私が就職活動をしていたころは、ちょうど就職氷河期だったので……と言い訳をすれば簡単かもしれませんせん。実際には、就職活動を甘く見ていた結果だと思っています。

大学卒業後に、正社員として就職するまでの7ヶ月間は、アルバイトを複数掛け持ちしながら一人暮らしをしていました。

キッザニア甲子園で朝7時から働き、定時よりも1～2時間の残業をしたあとに、高校生のときから働いていた飲食店で22時まで働いていました。キッザニアがお休みの日は、ＩＫＥＡで働いて、夜は飲食店で働きました。1週間のうち、寝る時間以外はほとんど働いていたと思います。

正直なところ、アルバイト生活をしていた7ヶ月間の記憶はそこまで残っていません。そのくらい日々の生活に追われていたのだと思います。

実家暮らしなら、こういったアルバイト生活でも問題なかったかもしれませんが、実は大学卒業と同時に、一人暮らしをスタートさせたのです。一人暮らしをするために必要な洗濯機や冷蔵庫は、大学卒業後に実家に帰ることになっていた友人から譲り受け、引っ越しも軽トラを借りて、母と2人で行いました。

一人暮らしを始めた部屋は、築25年以上、家賃4万2千円（水道代込み）、1Kでお風呂はユニットバス、ベランダはなし。ほとんど家にいなかったので、電気代とガス代の請求は毎月3桁でした（笑）。それでも、時給が安かったので手取りで15万円あるかないかのなかで生活していました。もちろんショッピングローンや、奨学金の返済もあったので、使えるお金は食費込みで実質月に3万円前後でした。

その後、運良く正社員として、従業員が10名以下の営業の会社に就職することができました。お給料は固定給＋歩合給で、なんと手渡し！　友達に話すと、「めっちゃ大変そう」と言われましたが、私自身は営業成績がついてきたので、お給料はいっぱいもらえるし、お休みは少なかったけれど全国各地に出張に行くことができて、とっても楽しかったことを覚えています。

学生のころは安上がりの旅ばかりしていて、宿泊先はインターネットカフェなんてこともあったので、「会社の経費でホテルに泊まれるなんて夢のよう!」と思う世間知らずの女子でした。

そしてこの1社目の会社で働いているあいだに貯めたお金のおかげで、念願のアメリカへ語学留学に行くことができました(英語は喋ることができないけれど(笑))。

その後、現在の会社に転職をしました。正社員として働くのは2社目ですが、大学卒業時から考えると、自分の理想に近い環境で仕事ができるようになっています。

今の会社は、土日祝はお休みで、福利厚生が充実しています。前職以上のお給料があり、営業職以外の仕事もあるので、転職によってステップアップできていると感じています。それはとても嬉しいことであり、現在の環境に恵まれたことに感謝していています。もちろん、もっともっと自分の理想を実現するために頑張るつもり♡(正確には、理想のなりたいポジションがあるので、会社内では異例かもしれませんが掴み取りに行こうと思っています)。

♡収入の柱2　投資信託

私は、奨学金を借りて大学に通っていました。そのため、大学卒業と同時に520万円の借金を背負いました。今の学生さんたちが奨学金をどのように捉えているかはわかりませんが、「奨学金を借りる」とは「お金を借りる」ことです。借りたものは返さなければなりません。

高校生の時に奨学金の申込書を書いた私は、借金をしたという感覚はなく、とりあえず書類を書きに行ったという感じでした。しかし、大学卒業時になって、就職先が決まっていなかった私は、「どうやって毎月2万5千円も返済していくんだ？」と焦りました。

私は、1社目を退職すると同時に婚約しました。結婚してからのことを考えると、仕事を思うように続けられるか不安でした。子どもが生まれた場合や、介護や突然の病気など、そのほかのさまざまな理由で働けなくなることがあったとき、奨学金の返済はどうしたらいいのか心配だったのです。

しかし、奨学金の返済は待ってくれません。正確には猶予期間もありますが、いつかは全額返さなくてはなりません。大学を卒業してから20年間、42歳まで奨学金の返済は続きます（現在も毎月2万5千円返済しています）。

このような不安を抱いていた私に投資信託を購入するきっかけを与えてくれたのが、当時の婚約者であり現在のパートナーでした。

私が働けなくなってもいいようにと、毎月分配型の投資信託を購入してくれたのです。私のなかで投資信託は、「放置できる投資」です。株のように、自分で1つ1つの会社の分析をする必要がなく、そこまで大きな値動きがない印象があります。ですので、「こまめに株価のチェックとかできないよ」というような、日々の暮らしが忙しい方や働いている方に向いていると思います。

投資信託の購入時は銘柄選びをしたほうがいいですが、時間をかけて積立をしていけば、リスクも分散されます。ただし、元本割れする場合もありますし、株よりはリターンが少ないです。銀行にただただ貯金しているだけで使う予定のない資金があるのであれば、挑戦してみてもいいと思います。

当時、そもそも投資の初心者だった私は、パートナーのお母様や証券会社出身の先輩、銀行で働く後輩に購入銘柄を相談して購入しました。初めて購入するときは、かなり緊張したのを今も覚えています。

銘柄選びをするときに、パートナーのお母様から印象的な言葉をいただきました。

「銘柄選びは、自分の身近なもの、興味のある分野がいいよ」

興味のあることだと、ニュースも気にして見ますし、情報も入ってきやすいものです。私はお母様のアドバイスに従って投資信託を購入し、今のところはプラスで運用できています。

現在も、私は仕事を続けているので、月数万円の分配金は投資信託の買い増しに充てています。

♡収入の柱3　保険

さらに私は、結婚のタイミングで、保険の契約を見直しました。「保険は家の次に大きな買い物」と言われますが、全く無知だった私。どこから見直したかというと、まずは、マネーセミナーやファイナンシャルプランナーの無料相談会に足を運び、複数の保険営業の方とお会いし、私たち夫婦の考え方と一致する方を見つけるところから始めました。

そして「銀行にお金を置いておいても増えない！」という理由で、運用目的でドル建ての終身保険を短期払いで契約しました。

ドル建ての終身保険とは、被保険者が亡くなったときに、保険会社が契約した保険金を支払うという契約内容ですが、保険料の支払い方法が日本円ではなくドルであるというところに特徴があります。

ほかにも、

・払い込み期間の途中で借り入れができる

・契約の段階で、最低の運用利率がわかる
・保険会社によるが、4年目以降に払い込みをストップできるタイプがある
・特約をつければ、がんや脳卒中などに疾患したときに払い込みが免除される

といった、いろいろな機能があります。

保険は確かに、大きな買い物ではありますが、使い方次第ではとても良い運用方法や資産形成になると思います。

契約時に最低の運用利率がわかるので、どのくらいの増幅になるのかもわかり、安心する方もいらっしゃるのではないでしょうか？

我が家では、終身保険や個人年金などを、短い期間で払い込む契約にしています。そのほうが、運用利率が良いからです。短期間で払い込みをするために、我が家に現金はありません（笑）。しかし、終身保険や個人年金といった払い込みは、あと数年で終わります。全部払い込みが終わったら、65歳まで時間をかけて運用されるので、最低でも3000万円にはなって返ってきます。早いうちから取り組んでいたことで、時間を味方につけて運用することができています。

ですから、老後の心配が1つ減ったという感じです。

ただ待っているだけでは、不安は解決しません。時間と知識、今あるものを使って不安を解消していきましょう！

♡収入の柱4　株式投資

私は、現在勤めている会社の自社株を所有しています。私の会社では、自社株を市場の株価よりも20％安く購入することができるので、「この会社なら大きく暴落することはないだろう」と見込んで、毎月、上限額いっぱいを購入しています。

そしてこの株は、タイミングを見て売却し、次の株式購入のための資金にしたいと考えています。

とはいっても、「私の会社ではそんな制度ないから！」っていう声が聞こえてきそうなので……、株を勉強するのにオススメの書籍をご紹介しておきます。

・『めちゃくちゃ売れてる株の雑誌ＺＡｉが作った「株」入門 改訂第2版』（ダイヤモ

ンド・ザイ編集部・ダイヤモンド社）
・『インベスターZ』（三田紀房・講談社）

私は投資コミュニティに所属して勉強していますが、まずは書籍から勉強しても良いと思っています。無料で株の売買をシミュレーションできる「トレダビ（https://www.k-zone.co.jp/td/）」などを活用してみるのも良いかもしれません。

まずは、株式投資に興味を持つことから始めてみてはいかがでしょうか？

♡収入の柱5　アフィリエイト

私がアフィリエイトを始めたきっかけは、とあるブロガーさんに出会ったことでした。私と同世代のＯＬさんで、ブログからの収入や支出を毎月公開しておられたカリスマ的存在の相羽みうさんという方です。

相羽みうさんがブログ（https://aibamiu.com）に紹介なさっていることを、見よう見まねで取り組んでいきました。

私は、現在、起業の準備を進めていくために利用している商品で、「便利だな」と感じている商品のアフィリエイトをしています。周りの方からは、その商品について「教えて欲しい〜」と言われることが多いので、ありがたく私のブログのURLを送って登録していただいています。

アフィリエイトは、ブログをしていたら簡単に始めることができます。ブログに商品のアフィリエイトリンクを貼っておくだけで、自分のブログを見てアフィリエイトリンク先に飛んだ方がその商品を購入すると、自分に報酬が入ってきます。もちろん、ブログにアクセスしてもらうための努力は必要です。自己アフィリエイトといって、自分で商品を購入することで報酬を発生させることができるものもあります。

代表的なアフィリエイトサイトには、A8（https://www.a8.net）があります。最近のCMでも見かけたことがある方がいらっしゃると思いますが、ハピタス（https://hapitas.jp/register/lp）やげん玉（http://www.gendama.jp/welcome）、ポイントタウン（https://www.pointtown.com）などでも報酬を得ることができます。

アフィリエイトを始めたばかりのころは、換金額は数百円でした。けれども、お友達が増えていくとともに還元額も増えていき、アフィリエイトをはじめて6ヶ月後には、月数万円の収入を得られるようになりました。このときはとても嬉しかったです！

ブログをきっかけに得たものは、アフィリエイト収入だけではありません。ほかのブロガーさんとリアルでお会いすることもでき、行動の幅が広がっていきました。

ブログもアフィリエイトも無料でスタートできます。リスクはないので、あとはやるかやらないかだと思います。

♡収入の柱6　物販

私は、小さいころから、フリーマーケットに出店をすることが好きでした。

小学生のころから、家にあるいらないものをキッズフリーマーケットで販売したり、高校生の頃は友人といっしょに出店して毎回3万円以上の売り上げがありました（家にどれだけいらないものがあるんだというくらい、ものがあったのです）。私はもったいない、いつか使うかも、という理由でなかなかものを捨てられない人でした。

ここ数年はインターネットやアプリを利用して、日用品の転売を行っています。転売のルールは簡単で、「安く仕入れて高く売る」ただこれだけです。

ただし、転売は労働収入なので、かなり大変です！

ネット転売をメインで行っていたころは、仕入れをして、商品の写真撮影や説明文を書くといった商品のページ作りをして、商品を購入していただいたお客様と取引のメッセージのやりとりをして、商品の発送をして……と、やることがたくさんありました。


今は、転売をメインではやっていません。ただし、誰でも簡単に取り組むことができるメルカリを利用して、不用品を出品しています。読まなくなった本や着ない洋服、使わない化粧品など、どれも家にあるものばかりで、新たに仕入れるということはしていません。シーズンごとに、家にあるいらないものを出品して、毎シーズン5〜10万円くらいの利益を得ています。

パートナーの実家に帰ったときには、「こんなの売れるかしら？」とお母さまから商品を提供してもらうこともあります。

まずは、家にある不用品を手放して、お金に変えてみましょう！　部屋もきれいになりますし、収入も得られて、といいことずくめです。

こういったフリマアプリのすごいところは、自分ではいらないと思っているものでも、「必要だ」という人のもとに渡すことができるところです。

例えば、新しく財布を買い換えたので、これまで使っていたブランドものの財布をメルカリに出品したとします。

この商品を買う人ってどんな人でしょうか？

・転売目的の業者さん
・自分で使う目的で購入する方
・今はまだ新品を買えないけど少し背伸びしたい高校生や大学生（↑こういう学生さんを知るまでは、私にはこの視点はなかったので、びっくりしました！）

フリマアプリを利用すれば自分の部屋がきれいになり、収入が入り、喜んでくれる人がいる……。これって、一石三鳥じゃないですか？「もうこれ、使わないかも」と思うものは、さっそく販売してみましょう♪

また、ハンドメイド作品を販売したい方はミンネというアプリもオススメです！

数年前は、私も「ネットショップを開くのは難しそう」と思っていましたが、今では自分で作ったものを写真にとって説明文を書くだけで、簡単に出品できるようになっています。難しそうと思っているあなた。本当に簡単なので、騙されたと思ってチャレンジしてみてください。

♡収入の柱7　週末起業

私は小さいころから変わり者で、中学生のころは本の中の主人公に憧れて牧場を経営したいと思っていました（笑）。

大学生のころも、「会社員は自由な私には向いてない」と思っていたので、起業のための本を読み漁り、セミナーなどに参加していました。小さいころにおもちゃは買ってもらえなかったけれど、本は買ってもらえたので、本を読むということが私の中で習慣になっていました。また、本を読むことで、新しい世界や考え方に出会えると感じていました。

本との出会いは人生を変えると思っています。私は大学卒業時に、就職先が決まっていませんでした。単純な私は、資格を持っていたら会社に採用されるだろうと思いました。でも資格取得の参考書とか問題集って分厚いので、読むだけでも時間かかる……、と悩んでいました。そんなとき、「資格取得のために速読ができたら早く勉強が進むのではないか？」と思い立って速読教室に通い始めたことが、自己啓発に目覚めたきっかけです。

その後、私は書籍やセミナーで学んださまざまな自己啓発法を実践してきました。その結果、理想の人生を描き、そして実現するスピードがどんどん加速していると感じています。

週末起業では、お客様に合わせて提案を行っています。これは、コンサルタントと言われる分野での起業です。

私の場合は、自己啓発の幅も広く、情報収集も得意、そして人脈の豊富さを生かして、お客様が必要としている人やイベント、情報をつなげるのが得意です。

動画や写真撮影、イベント企画など裏方の仕事もしますし、自分自身がセミナーをしたりすることもあります。全てはお客様のお悩みを解決したいと思い、活動しています。自分の経験や学びを伝えることで収入をいただき、お客様のためにまた学ぶ。今の私にとって、週末起業はぴったりだなぁと思っています。

また、趣味を増やして、いろいろなことを経験したいとも思っています。経験したことがないのに、物事の良し悪しを判断することはできないと思っているからです。また、一人で経験するよりも、多くの人といっしょに体験や感動を共有できたらいいなと思っているので、メルマガやＬＩＮＥ＠といったお客様と直接メッセージのやり取りができるものを利用してイベントの呼びかけを行っています。どんなイベントを開催しているかというと、

・宝塚歌劇観劇会
・スイートルームでの女子会
・ホテルでアフタヌーンティを楽しむ会
・情報発信お茶会
・仮想通貨勉強会

などです♪

こういったイベントでは、今までの生活では体験しえなかったことを、いろんな方といっしょに経験しています。

イベントそのものも楽しいですが、イベントに参加してくださった皆様が少しずつ良い方向に変化していくのを感じられることも、とっても楽しいのです。これからもさまざまなイベントを開催して、多くの方と楽しみたいなと思っています。

ここまで、楽しそうなことばかり書きましたが、実際は、週末起業やSNSのみを活用しての起業はとても難しいです。2016~2017年にいわゆる「キラキラ起業女子」と言われる人たちが世の中に登場して、ブームになりましたが、すでに多くの方が淘汰されています。

「起業塾に入ったら」「資格を取得したら」「SNSで起業のことを発信さえしていれば」、みなさんそう考えがちなのですが、月収100万円を達成するためには、こういった考えだけで到達できるほど甘いものではありません。

現在、起業塾もたくさんありますし、教え方もそれぞれです。誤解しないでいただきたいのは、起業のスキルやノウハウを学ぶことと、学んだスキルを活用して作った「自分の特技を活かしたオリジナル商品・コンテンツ」で売上を上げることは違うということです。

今後も、月に5万~10万円のお小遣いを稼ぐ程度なら、週末起業やSNSなどでの起業で成功する可能性は大いにあると思います。

しかし、起業だけで月に100万円以上の収入がほしいと思う場合は、ビジネスの仕組みや集客について必ず学ぶ必要があります。ほかの人から学ぶにしても、書籍で学ぶにしても、共通して確認していただきたいポイントがいくつかあります。

起業について学ぶときのチェックポイントは、以下になりますので、ぜひ参考にしてみてください。

・講師自身が、あなたの理想の生活を送っているか（または講師の方の生活があなたの理想の生活に限りなく近いかどうか。もしくは講師と同じような生活がしたいと思うかどうか）

・講師は、自分が起業したいジャンルの分野が得意かどうか

・講師の開催している起業塾やセミナーの生徒さんの売り上げはどのくらいか。あなたが起業で毎月100万円以上の売り上げを目指しているのであれば、参加しているセミナーの生徒さんも100万円以上の売り上げを継続して上げているかをチェックしましょう。あなたが30万円の売り上げを目指しているのであれば、30万円の売り上げを毎月継続して出している生徒さんが受講生全体のなかで最低でも2割いるかどうかをチェックしてみてください。

・講師のSNSの投稿に対して、受講生からのコメントはあるかどうか。受講生のSNSの投稿に講師からのコメントはあるかどうか

・講師自身も、学び続けているかどうか（最近はビジネスの変化が早く、数ヶ月前のスキルが使えないなんてことは山ほどあります）。

さらにいえば、

・講師から生徒へ個別コンサルがついているかどうか（わからないことをちゃんと聞ける環境かどうかという意味です）

・塾生同士のコミュニケーションが取れる場はあるかどうか

といったことも確認したいところです。

起業を学ぶ者同士のグループでは、自分では気がつかないような発見があるので、相乗効果を期待できます。周りの皆さんがすごすぎて落ち込むという逆効果もあるかもしれませんが（笑）。

グループ内の勉強だけで済ませてしまうと、講師に「ほかの皆さんの役には立たないかもしれないけれど聞いておきたいこと」などを聞けないことがあるので、個別コンサルがあると相談しやすいです♪。

私が週末起業をとても楽しく行うことができているのは、他に収入の柱があるからです。「金銭的にツラい」ということがないから、のびのびと取り組むことができているのだと思います。

もし、あなたが起業を目指すのであれば、最初は会社員との兼業や、ほかの安定した収入の柱を構築してからのほうが、楽しんで活動できると思います。

♡収入の柱8　不動産投資

私は、昔から家を見たり、インテリアを考えるのが大好きでした。実は、大学生のころは建築を専攻していました。

大学を卒業したときから、ずっと「大家さんになりたい」と言っていたのですが、ついに夢を叶えることができました。（「大家さんになりたい」と言い始めた23歳のころ、大家検定という講座と資格を受験したのですが、同い年の大家さんがいて衝撃を受けました！）。

社会人になってからずっと「いつか不動産投資をしたい！」と言い続けていたところ、良縁にめぐり合うことができたのです。

私が「信頼できる」と感じているご夫妻から、不動産の営業マンの方をご紹介いただくことができ、新築の１ルームマンションを購入しました。これは、私にとって、２０１７年の一番大きな買い物です。

「不動産投資で新築を買うのはどうなの？」と思われる方もたくさんいらっしゃると

思います。しかし、私が新築を選んだのは、自分で勉強したことと、パートナーの意向を汲んだ結果です。

不動産投資をする前は、「不動産投資って、頭金で数100万円用意しなきゃいけないでしょ?」「手続きが大変そう」「物件の管理はどうするの?」など、私自身「大変そう」という、思い込みがありました。

しかし、自分が抱いていた不安については、営業マンさんにきちんと説明してもらうことで解消することができました。そして、手元に現金がほとんどない我が家でも(笑)、新築の1ルームマンションを購入することができました。

物件の良し悪しについては、オーナーになる方の価値観によるので、私は「新築だからダメ!」「中古物件はダメ!」などと決めつけることはないと思います。

不動産投資は、今までご紹介した副業のなかでは少しハードルが高いかもしれません。しかし、「今は会社員をしている」という方には、ローンが通りやすいというメリットがあります。良い物件を見つけた場合や、状況によっては、不動産投資にチャレンジしてみてもいいかもしれませんよ!

♡代理店ビジネス（ネットワークビジネス）について

もう1つ、収入の柱になるものに代理店ビジネスがあります。代理店ビジネスとは、自分が良いと思った商品を販売する権利を購入して、お客様にご紹介していくビジネスです。ネットワークビジネスと呼ばれることもあります。

代理店ビジネスの内容を聞くと、「ネズミ講じゃないか」「違法なんじゃないか」「危ないのでは？」と思われる方がいらっしゃいます。確かに、すぐに社名を変更したり、潰れてしまう会社もありますが（笑）、「代理店ビジネス（ネットワークビジネス）＝ネズミ講」という考え方は誤解です。

ここでは、代理店ビジネスとネズミ講の違いや、代理店ビジネスの細かい仕組みについては割愛します。代理店ビジネスのメリットについて簡単にご説明すると、起業や物販や投資と違って、商品の値段も販売方法も紹介パンフレットも全部準備されているということです。「良いものを周りの人にオススメするのは得意！」「マイブームを友人に広げるのが得意！」という方には向いています。

代理店ビジネスは、外国では多くの方が取り組んでいますし、日本にもすでにいくつも会社があるのが実態です。主な商品のジャンルは、健康食品、化粧品、水素水や浄水器、保険、クレジットカード、会員権（スポーツクラブやゴルフ場、リゾート施設など）といったものです。

ただし、代理店ビジネスは、日本ではまだまだ誤解が多く、広がりにくいのは確かです。周りの方をむやみに勧誘するとお友達をなくしてしまう可能性もないとは言い切れないので、よく考えて始める必要があります。

もう少し、身近にイメージできる代理店ビジネスの例として、個人でやっている生命保険の営業マンがあります。営業マンは保険会社と代理店契約を行い、お客様に保険を提案します。お客様が保険を契約して、月もしくは年払いで保険料を支払います。保険料が支払われているあいだ、営業マンは契約金額の数％を収入として得ることができます。

また、電力の自由化によって、「電気を切り替えませんか」という案内を受けたことはありませんか？　このような案内も、代理店ビジネスの1つに当たりますし、あなたも、もしかしたら知らないあいだに代理店ビジネスによる商品を使っているなんてこともあるかもしれません。

代理店ビジネスで扱われている商品自体は、高価ですが良いものが多いです。まずは自分で試すために買ってみるのもいいと思います。

ここまでご紹介してきた内容が、私、藤咲まどかが実際に取り組んでいる収入の柱です。再度まとめますと、

・収入の柱1　会社員給与
・収入の柱2　投資信託
・収入の柱3　保険
・収入の柱4　株式投資
・収入の柱5　物販
・収入の柱6　週末起業

・収入の柱7　不動産投資
・収入の柱8　アフィリエイト

収入の柱の1会社員給与、2投資信託、7不動産投資は毎月の大きな変動はありませんが、ほかの収入の柱は自分の行動によって大きく増減します。

今後は、今まで作ってきた収入の柱を育てて仕組み化し、整理していこうと考えています。そして、新たな収入の柱を構築していくつもりです。暗号通貨やＦＸにチャレンジしてみたいとも思っています。

今は起業活動に力を注いでいるので、実働時間が多いです。しかし、ゆくゆくは権利収入を大きくして、好きなときだけ働くという生活をしたいなぁと思っています。

とはいえ、働くのが好きなので、実働をまったくしない生活というのは考えられないかも！　というのもありますが（笑）。

Lesson 4

現代版プリンセスは戦略的！

副業成功のための
３つのレシピ

♡収入の柱の仕組み化が重要！

ここまでのワークで、あなたの理想の生活に必要な金額と様々な収入の柱があるということがぼんやりとわかってきたと思います。Ｌｅｓｓｏｎ４では「収入の柱を作り、収入をＧｅｔして終わり」ということではなく、さらに収入や資産を増やしていくために私が実践している方法をご紹介します！

そして収入の柱を組み合わせることを「仕組み化」と表現させていただきます。「収入の柱＋収入の柱」ではなく、「収入の柱×収入の柱」という仕組みを作ることで、より大きな収入へとつながります。またこの仕組みを、放置していても循環していく形に作っておけば、手間もかからず楽チンです。

一体どうすればこんな仕組みができるのか、その方法を知りたくないですか？

まず、なぜ収入の柱を増やすだけではダメなのか？ということですが、せっかく収入の柱の仕組みを整えるからには、できるだけ手をかけずに、収入や資産が増えるような仕組みを作りたいからです。

さらに収入の柱を仕組み化すると、【自分の自由な時間が増える】のです。

自由な時間が増えたら、その分だけ、ゆっくり過ごしてもいいし、旅行をしてもいいし、新しいことにチャレンジしてもいいし、何かを学んだりしてもいいのです。

収入の柱を１つで満足しないで欲張りになってください♡　そして、戦略的に「経済的自由」「時間の自由」をＧｅｔしましょう♡

♡モチベーションの維持はとっても大切！　継続力が全て

副業で一番つらいこととは何でしょうか？　それは、副業を始めたからといってすぐには収入には直結しないことです。

例えば、投資信託を始めたからといって、分配金は指定日にならないと振り込まれません。さらに保険に加入したからといって、その保険金がもらえるのはすぐではないですし、不動産投資にはローンの支払いがあります。

起業は、すぐに収入を得ることができるとはいえ、収入にするための商品作りや集客が大変……、というように、どれも一筋縄ではいきません。

そうです。すぐに収入につながらないからこそ、「副業をやるぞ！」と思っても、なかなかモチベーションを保つことができないのです。しかも、副業NGの会社に勤めていたら、副業で何か悩みがあったとしても、会社の人には相談することができません。さらに副業について、親やパートナーから理解を得られないこともあるかもしれません。周りに理解者がいない状況だと、すぐに副業をやめたくなってしまいます。

せっかく始めたのに途中でやめてしまうと、苦労だけがかかってお金にならないので、「やっぱり副業なんて成功するわけないよ」と思ってしまうのです。

副業を始めたからといって、簡単に成功するわけなんてありません！

続けることが大切なのです！

副業を始めたら、少なくとも1年間は継続してみてください。途中でくじけそうな場合は、自分のテンションが上がることや、同じ目標に向かって頑張る仲間と励ましあったり、自分のためのご褒美を準備しておくといいですよ。

「自分のモチベーションを分析したり、気分を上げるためにはどうしたらいいかわからない！」という方に、オススメの本があります。それは、池田貴将氏の『図解 モチベーション大百科』（サンクチュアリ出版）という本です。この本にはモチベーションの上げ方がたくさん載っています。「気分が乗らない！」という状況を、論理的に解説し、対応策までイラスト付きで掲載されています。本を読むのが嫌いな私のパートナーも面白いと読み進めることができた書籍です。

私自身、モチベーションや集中力がすぐに続かなくなるタイプなので、集中して取り組むことができるものを、短期スパンで計画化（＝１ヶ月の大まかなスケジュールを立てて、１週間ごとに落とし込み、毎日のやることを明確にタスク化。１つのタスクは15分くらいで完了できるもの）しています。そしていくつかを同時進行させることで、モチベーションを維持させています。

例えば、この書籍の執筆時期に並行して行っていることは、

・クラウドファンディングの企画、準備
・ＬＩＮＥ＠で企画の実施、フォロー

・年間スケジューリング
・旅行の企画
・セミナー受講
といった内容です。

人間は1つのことにしか集中できないと言われています。マルチタスクができる人は、脳の切り替えスピードが早いだけだとも言われています。私は、複数のプロジェクトを同時に進行するために、タイムマネジメントや予定の計画に時間を使います。

詳しくはＬｅｓｓｏｎ5に書かせていただきましたが、仕事では、タイムマネジメント、や予定管理を自分で決めている方は多いのではないでしょうか　スケジュールをきちんと組む習慣をつけると、自分のキャパをこまめに把握できるようになるので、どんどんキャパが広がります。詳しくはＬｅｓｓｏｎ5でお話しますね♪

♡メンターを見つける

前回のモチベーションのお話ともつながりますが、副業をしていて諦めそうになったときや、どの情報が正しいのかわからないときのために、信頼して相談することができる「メンター」を見つけておくことも重要です。

メンターとは、「あなたの理想をすでに実現している人」、そして「あなたにアドバイスをくれたり、あなたを導いてくれる人」のことです。メンターにする人は、あなたの理想を体現している人に限ります。

理想の働き方、理想の生活を送っている、あなたが作りたい収入の柱ですでに成功しているなど、理想とするメンターは人それぞれです。

あなたに合ったメンターがいるかいないかで、行動するスピードが格段に変わってきます。

私が、ここまで頑張ってくることができたのは、メンターがいたからといっても過言ではありません。

私も、会社で嫌なことがあったり、パートナーとケンカをしたりすると、落ち込みます。平日は本業の仕事をして、本業が終わったあとや休日は副業の活動に時間をかけています。しかし、本業でも副業でも、思ったように成果が出ないことが続くと、イヤになって投げ出したくなるときもあります。

そんなとき、メンターに相談すると、長いあいだ（数時間のこともあれば、何日も）悩んでいたことが、ものの10分で解決したりします。うじうじ悩んでたのはなんだったんだー！　と思うことばかりです（笑）。

私にも「ビジネスのことならこの方」「投資のことはこの方」というように、何人かメンターがいます。どのメンターも素敵な方ばかりで、

・経済的自由を実現している方
・時間の自由を実現している方
・いつも新しいことに挑戦し続ける、チャレンジ精神旺盛な方
・教え子のために与え続ける精神を持っている方
・理想の未来を体現されている方（収入面、働き方、生き方など）
・常に学び続けている方
・行動という形で、常に追いかける背中を見せてくれる方
・私の話を否定しないで聞いてくれた上で、大切なことは何かを気づかせてくれる方

というように、書き出したらきりがないですが、私のメンターは書き出したことを全

て満たしています。そんな素敵な方が私の周りにはたくさんいるのです。

まずは、1人のメンターでいいのです。あなたのメンターを見つけましょう！

困ったときは、1人で抱え込まないで、信頼できるメンターに相談するとあっという間に解決することがたくさんあります。「そんなメンターにできる人、周りにいない」というあなた、今の生活の外側に飛び出してみましょう！

SNSで「この人素敵だな」と思う人を見つけたり、憧れている人がいるなら、是非会いに行ってみてください！

メンターはすごい人とは限りません。もしかしたら、実は身近にいるかもしれませんよ♡

♡「素直さ」こそが成功への近道

「最短で収入の柱を育てたい！」

そう願うのであれば、あなたが実践したい収入の柱の方法で、実際に成功している人のアドバイスを素直に聞いて、そのまま実践しましょう。

もしも、彼らの言葉を聞いて「ほんとに大丈夫？」と思うことがあったとしても、彼らを信じてみることです。なぜなら、彼らはその方法でいろいろな失敗を経験した上で、諦めず継続して成功という結果を出しているからです。彼らは失敗も含めた経験から、最短ルートで成功するための方法を知っています。まだ成功していない人の考えで、メンターや成功者の考えを判断すべきではありません。


でも、なんのために、彼らの真似をして今この行動をしているのかわからなければ、行動もできないですよね？

例えばダイエット。「食事は、これを食べて、1日1時間筋トレするだけでいいよ！」と指導されたとします。あなたは、このアドバイスを素直に受け入れられますか？「確かに、普段の食事と比べればカロリーが低そうだし、運動もするから痩せそうだけど……。本当に結果が出るの？　リバウンドしないかな？」と疑問を感じたりしませんか？「せっかくやるんだから、食事は決まった量の半分にして、運動は2時間に増やしたほうがいい」と、自分で勝手に判断しようとはしませんか。さらには、ダイエットに成功しているわけではないほかの人にもアドバイスをもらって、「それもいいかも」と勝手に取り入れようとする方もいらっしゃるかもしれません。

副業もいっしょです。

収入という成果が出ないときほど、本当に不安になるものです。そして、「ほかの人のアドバイスの方が成功する気がする！」と自己判断をして、必要ではないタイミングで、いらない行動を取ってしまったりします。

「焦りは禁物」とよく言いますが、私も、「コツコツと努力してきた人こそが確実に成果を出していく」ということを痛感しています。

メンターを見つけたあなたは、不安になったり、周囲（親や友人）に行動を否定されても、「メンター（成功者）のアドバイスを実践しているのだから、理想の生活に近づいている」と心を強く持ってください。特に副業や投資は１００％絶対に成功するということはありません。インターネットを見れば、良いことだけでなく、悪いこともたくさん書いてあります。特に、自分の周りにいる人と違う行動（本書籍では副業や投資）をとると、「それ大丈夫なの？」「辞めときなよ」と言われることはたくさんあると思います。実際私も一番理解してほしいパートナーから、何度も言われました。

でも、それはあなたのことを心配してくれているからこそ言ってくれている言葉なので、右から左に流してください。反対をしてくる人たちが、あなたの理想を体現している人なら、その意見を考える必要がありますが、そうでないのであればメンターの言うことを聞いて行動することが理想への近道なことに変わりありません。

疑問に思ったことは、メンターに自分の考えを伝えてみましょう。そして、メンターの意見を聞いてみてください。そうすると疑問もなくなり、行動しやすくなります。

私も、メンターに質問すると、「ちゃんと伝わってなくてごめんね！」と言われることがあります。私の質問内容は、メンターにとっては当たり前にできていることなので、メンターに「藤咲さんもわかっているだろう」と思われることがあるのです。

あなたが疑問に思うことは、メンターにとって盲点かもしれません。メンターに初心を思い出させてあげるつもりで、たくさん質問すると、あなたの学びも早くなり、成長スピードも加速します！

3〜6ヶ月ほどメンターのアドバイスどおりに物事を継続していると、なんらかの効果が現れます。例えほんのわずかな変化だとしても、です。その変化は、きっとあなたのためになるはずです。

私も、メンターから言われたことは、時間がかかってもできる限り取り組むようにしています。もちろん、言われたら即行動〜アウトプット〜メンターに報告、をしたほうがより早く成長することができるのは言うまでもありません。

「早く成功したい！」と思うのであれば、メンターや成功者に「うっとうしい」と思われるくらい（笑）、即レスポンス・アウトプットを実践してみてください！

♡副業成功のための3つのレシピとは

副業を成功に導くためのルールは次の３つです♡

１　目先の収入の柱を作る
２　中長期の収入の柱を育てる
３　収入の柱の仕組み化＝自分が働かなくても収入が途絶えない仕組みを作る

私のように、貯金０の状態からスタートする場合、まずは目先の収入がすごく大切！　です。すぐに収入を得ることができるタイプの収入の柱を作りましょう。なぜなら、「収入が増えたな♡」「理想の生活に近づいているな♡」という実感がないと、頑張れないから！です。

１つ目先の収入の柱で、副業での収入ができたら、２つ目の中長期の収入の柱を育てていきましょう。１で収入があると、ついつい欲しかったものを買ったり、豪華なランチをしたりしたくなるのですが、今後の投資になるようなお金の使い方をしていきましょう！

中長期の収入の柱は、少額の資金でスタートしたとしても、時間を味方につけて大きな資産を作ることができます。時間を味方につけてお金を増やしていけるのが中長期の柱づくりの最大の魅力だと感じています。コツコツ続けた先に、大きな資産が待っているので、時間をかけて育てていくものでもあります。

最終的には、目先の収入と中長期の収入の柱を組み合わせて、３の最小限の労力で最大の収入になる仕組みを作っていきます。これが完成すると、理想の生活をするためのお金の心配はほとんどなくなりますし、労力も少なくなっているので、時間に余裕もできます。時間とお金の自由を手に入れられたら、どんな気持ちになりますか？

「ＡＩに仕事が奪われるかもしれない」と思っていた不安や、「年金はもらえるのか」「定年退職が伸ばされたら、何歳まで働かなくちゃダメなのか」という不安は消えますよね！　そして、本当にあなたの好きなことをして生きていける人生を掴むことができるのです♡。

次項から、それぞれのルールについて詳しくご紹介していきます♡

♡レシピ１　目先の収入の柱の作り方

１つ目の副業成功のルール、「目先の収入の柱の作り方」についてご説明します♪

私が実際に取り組んできた副業のなかで、比較的早い段階（スタートから１ヶ月以内を目安としてください）で収入を得られるものは、次のような副業です。

・物販
・アフィリエイト
・起業
・本業と掛け持ちできるアルバイト

ただしこれらの副業は、始めたらすぐに毎月継続して数万円の収入になるというような副業ではありません。特に、3つ目の起業は準備が必要ですし、準備もどのように進めていいかわからない場合も多いでしょう。

副業に対して「面倒だ」「よくわからない」と言う人がいるからこそ、継続してできる人が少ないからこそ、収入にしていくチャンスがあるのです!!

最初は100円の収入かもしれません。それでもいいので、副業（本業とは別の収入の柱）でお金をGetしましょう。そうすることで副業で会社員と同じだけの収入を得るためには、努力が必要であることや簡単ではないことに気づいてほしいのです。

しかし、少額でも副業でお金を得ることで、理想の未来に近づくことができていると思うと、嬉しくないですか？　モチベーションを維持することができたり、もっとやる気が出ると思います。121ページでお話したように、成功するためにはモチベーションを保つことはとても大切です。

そして、何よりも大切なことは続けることです。会社員でも、本来であれば毎年お給料が上がると思います（最近はカットされることも多いと聞くので、不安に感じている方もいるかもしれませんが……）。それと同じで、副業も続けていれば、一定の成果が出るようになります。まずは、あなたの生活にあわせて、すぐに収入になりそうなことから始めてみてください。

私は、大学生の頃からブログをやっていたのでアフィリエイトから始めました。情報源は人気のブロガーさん。見よう見まねで始めました。そして初めてアフィリエイト報酬が振り込まれた通帳を見た時は、本当に感動しました。

♡レシピ2　中長期の収入の柱の作り方

2つ目の副業成功レシピは、「中長期の収入の柱の作り方」です♡

先にお話した、「目先の収入の柱」を育てながら、別の収入の柱を構築して、お金に働いてもらいましょう。

「中長期の収入の柱」とは、「お金を、利益を生み出すところに移動させること」で構築するものです。ですから、この「中長期の収入の柱」の代表例として、投資があります。「何かあったときのための最小限の金額を残しておいたら、他は投資に回してもいい」というのが私の考え方です。

投資といえば、

・株
・投資信託
・FX
・暗号通貨
・不動産

など、いろいろな方法があります。

少し考えてみましょう。

今、あなたの手元に、投資に回しても生活に影響を与えないお金が100万円あったとします。あなたなら何に投資しますか？　そして投資したものは、1年後にどうなっていると思いますか？

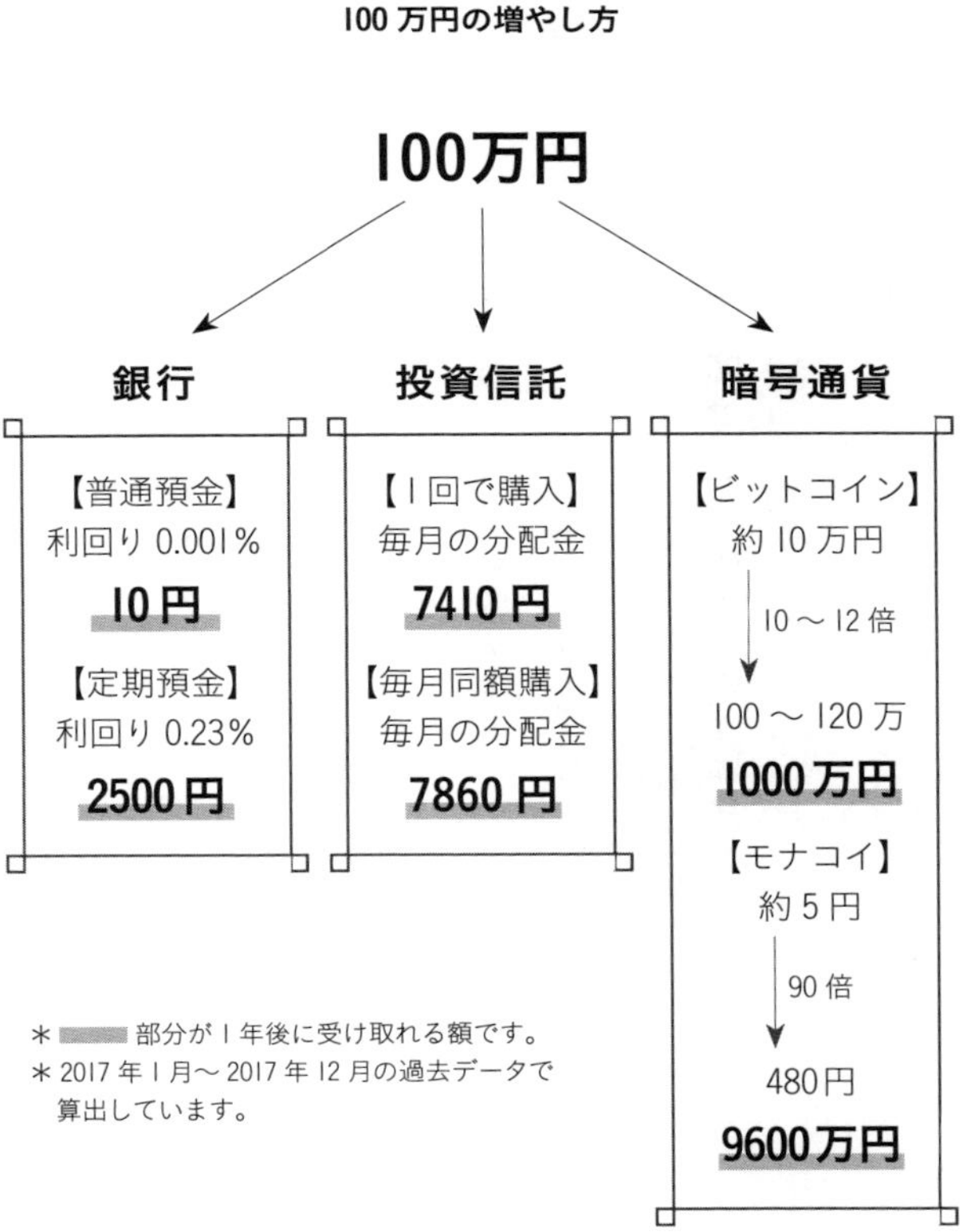

＊ 部分が 1 年後に受け取れる額です。
＊ 2017 年 1 月〜 2017 年 12 月の過去データで算出しています。

図のように
・銀行の普通預金に預ける
・金利のいい定期預金を選んで、銀行に預ける
・投資信託を1回まとめて買う
・投資信託を毎月金額を決めて購入する
・ビットコインを購入する
・暗号通貨の中で1単位が一番安いものを購入する
といった方法のほかに、以下のような方法も考えられます。
・FXを気が向いた時だけやる
・中古の不動産を購入する。頭金として使い、残りはローンを組む
・年2回配当金が出る株を買う
・アンティークコインを買う

さて、あなたはどんな選択をしましたか？　選択肢を1つしか取らなかった方は、「1つしか選んだらダメだ」と思い込んでいるからかもしれません。逆に、いくつか選

んだ方は、分散投資という考え方をして選ばれたのかもしれません！ 図を見ていただいてもわかるように、同じ100万円でもこんなに増え方が違うのです！

どの方法を選ぶとしても、投資の場合は、
・「ここまでなら資金が減っても、次の投資で頑張る！」と思えるマイナスの金額を最初から決めておく（損してもOKなラインを決めておく）
・「このくらい利益が出たから満足♡」と思えるプラスの金額を最初から決めておく（利益も程良いところで手を打つ）
といったことがポイントです。

ほかにも「中長期の収入の柱」に当てはまるものとしては、生命保険があります。生命保険だと手数料はかかりますが、保険会社が投資先を選んで、運用してくれているので、低リスクです。ただ、契約時に最低の運用成績を保証しているため、安心感がある分、増え幅も限られています（株をしている人からすると、「自分でやったらもっと増えるから、もったいない」という声が聞こえてきそうです）。

株やＦＸ、暗号通貨はリスクを考えなくてはなりません。その代わり、増え幅が大きいのも株やＦＸなどといった投資の特徴です。

どの「中長期の収入の柱」を構築するのかはあなた次第です！　私は投資信託と保険（死亡保障）からスタートしました。リスクやリターンを考えながら、自分に合った収入の柱を構築していきましょう♡

♡レシピ3　収入の柱の仕組み化

いよいよ副業成功レシピの３つ目、「収入の柱の仕組み化」（＝自分が働かなくても収入が途絶えない仕組みを作ること）についてご説明します。ここでは、最小限の労力とリスクで最大の結果を生み出すための仕組みを作りましょう！

「収入の柱の仕組み化」のメリットは、病気になって働けなくなったり、長期間海外旅行に行ったり、新たな学びのために学校に通ったりしたとしても、継続的に収入が入ってくるというところです。

「収入の柱の仕組み化」ができれば、好きなときに好きなことを、好きなだけできますよね！　もちろんその分ハードルが高かったり、時間がかかったりしますが……。
今回は、私が取り組んでいる収入の柱の仕組み化のなかから、取り組みやすい具体的な例を1つご紹介します。

（例）

・投資信託を購入するとともに、生命保険の契約をする
↓
・投資信託の分配金を、毎月の生命保険代の支払いに充てる（不足分はほかの収入の柱で補います）

次ページの図のようにすることで、元金は1つ（投資信託の購入）だけなのに、収入の柱は2つ出来上がっています。Ｌｅｓｓｏｎ3の実例紹介でもお話したように、生命保険の払い込みは近年のうちに終わります。払い込みが終われば、あとは置いておくだけで自動的に複利で運用されてお金が増えていきます。

投資信託の分配金を保険料で増やす

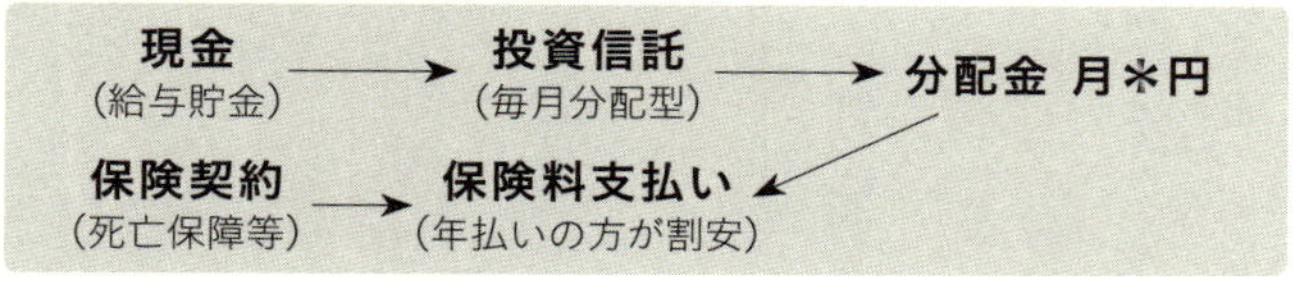

保険（5年払い・死亡保障）

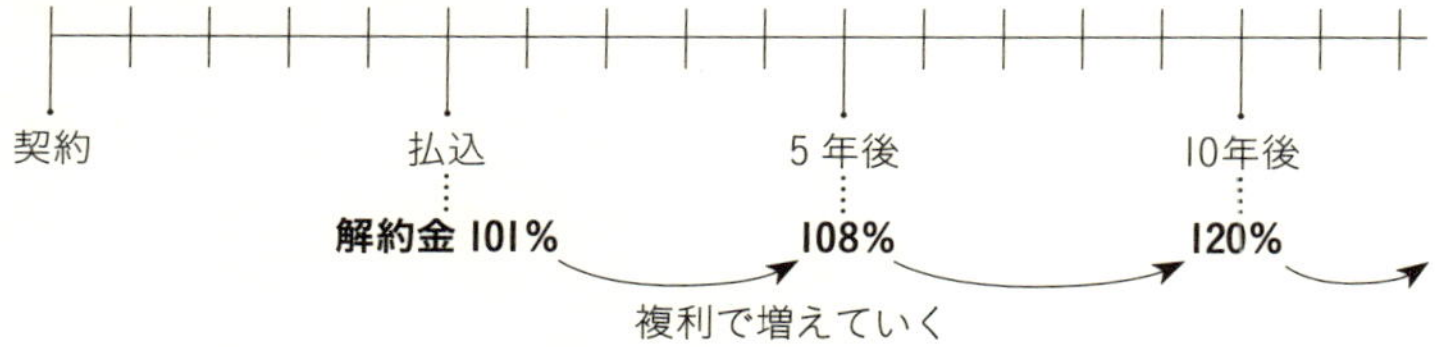

収入の柱を増やし、柱同士を組み合わせて仕組み化することで、あとから得られる収入額が大きくなっていきます。

なかには、「生命保険は手数料がもったいない」と思われる方もいらっしゃるかもしれません。自分で株を運用することが得意な方や、すでに経済的自由を手にしている方からすると、なかなかメリットを感じにくい可能性があるでしょう。

しかし、この仕組みを作り始めたときに新婚の会社員だった私の場合は、生命保険によって「定年退職時にこれだけのお金が準備できている」という安心感を得ることができています。

そして、収入の柱はいっぱいあったほうがいいし、もっとお金を増やす方法があるなら、今からチャレンジしても遅くないと思っています。だから、私は生命保険の払い込みを継続しています。

さらに私の場合は、そろそろ次のステップに移すタイミング。仕組み化してできた資産をさらに投資していくために準備中です。

あなたも、収入の柱が複数に増えたら、柱同士をつなげたり、掛け合わせたりする方法をぜひ考えてみてください。１つの収入の柱をもとにして、新たな収入の柱を作ったり、柱同士をつなげて収入が増えるサイクルを作ってみましょう♪

少額の元金からスタートしたとしても、しっかり育てていけば、大きな資産になります！　私自身が４年かけて実践してきたので、自信を持っておすすめすることができるのです！

♡支出を増やすと、収入ＵＰにつながる!?

「支出を増やしたら収入ＵＰにつながるよ！」と言われても、ピンと来ない方も多いかもしれません。しかし、実は、支出を増やすと収入UPにつながる方法があるのです！　知っておくとお得な制度をご紹介しますので、ぜひ活用してみてくださいね♪

1　ふるさと納税

あなたが「応援したい！」と思う市町村に、一定額の寄付を申し込むと、「寄付に対するお礼の品」がもらえます。さらに、2千円を超える寄付を行うと、所得税が還付されたり、住民税が安くなるというのが、「ふるさと納税」という制度です。還付や住民税の控除を受けるためには、特定申告が必要なので、ルールをきちんと確認しましょう。

ふるさと納税は、「最初に寄付金を支払う」ことや「確定申告などの手続き」といったハードルはありますが、お金があとから返ってくることや、翌年の住民税の節約につながることを考えるとメリットが大きいと思います。2千円だけ自己負担することで、お礼の品までもらえると思ったら、とっても良いですよね！

私は、お礼の品は食品をメインに選んでいるので、食費も浮いて助かっています。お礼の品には、ほかにも家具や家電・寄付先への旅費（内容は各自治体によって違います）・アクティビティなどがあります。さまざまな自治体のふるさと納税をチェックして、あなたが「欲しい！」「行ってみたい！」「やってみたい！」と思うものがあれば、ぜひ活用してくださいね♡

ただし、最初にお話したとおり、ふるさと納税には一定のルールがあります。収入に応じて寄付できる上限額があるので、お間違えのないようにご注意ください。また、寄付先が5市町村を超える（5つよりも多くの自治体に寄付する）場合は、個人で確定申告に行く必要があるので気をつけてくださいね！

2　保険

我が家は生命保険を活用して将来の収入の柱を作っているので、保険料の支払額は年間100万円を超えています。そこで活用できるのが、「保険料控除」です！

保険料控除とは、簡単に言うと、申請したら「支払った保険料に対して一定額を所得から引いてあげるから、税金がかかる収入部分が減って、所得税と住民税が安くなるよ！」という制度です。

保険料控除を受けるには、会社員の方の場合、年末調整のときに必要書類を提出したら良いでしょう（もちろん、あなたの勤務先の会社に、手続きについてきちんと確認をとってくださいね）。個人で確定申告をしてもＯＫです。

「ふるさと納税」も「保険料控除」も、どちらも支出をしていることに変わりはないのですが、支払った金額が還付されたり、税金が安くなったりするので、面倒でもやってみて損はないですよ！

Lesson 5

本業も手を抜かない！

ペースを保つ
タイムマネジメント術

♡本業と副業のバランスの取り方

この章では、本業と副業を両立させるための秘訣をお伝えします。

副業は、あくまでも「副業」です。だからこそ、次の3つのポイントが大切です。

1　本業に支障をきたさない

2　自分自身の体調を崩さない

3　プライベートも充実させる

副業にのめり込むあまり、本業がおろそかになってしまい、本業でアクシデントが起こってしまったら元も子もありません。本業という収入の柱を大切にしながら、ほかの収入の柱を作るということが「副業をする」ということです。万が一、本業を失ってしまったら大変です！　その分、収入の柱が減ってしまいます（副業として始めたことを本業にするのであれば、話は別ですが）。

また、副業を頑張りすぎて体調を崩すことも良くありません。体調不良になると、パフォーマンスの質は低下しますし、回復までのあいだを休むことになったら、その分本業も副業も進めることができなくなります。身体のコンディションを整えることも、収入を増やしていくために大切なことです。

そして、プライベートを犠牲にしてまで副業をするというのも、オススメしません。プライベートが楽しいからこそ、仕事も頑張ることができるのではないでしょうか。副業をするために大切な3つのポイントを守るためには、あなたのタイムマネジメントがとても重要です！　Ｌｅｓｓｏｎ5では、日々の生活を楽しみながら副業を軌道に乗せるための、タイムマネジメントのコツをご紹介します♡

♡タイムマネジメントとは

あなたにとって、「時間」とは何でしょうか？

楽しいことをしていると、時間はあっという間に過ぎていきます。逆にツライことや、つまらないことをしていると、とても長く感じます。過去を振り返ると、気づいたら、過ぎ去っていたり。未来を見ると、まだまだいっぱいあると感じられたり——過去に対しても、未来に対しても、時間に対する感じ方って人それぞれです。

私は、「時間=生きていくなかでどの人にも平等に与えられているものの1つ」だと考えています。いっしょに同じ時間を過ごしているのに、「なんであの人と私とでは、同じことに取り組んでも成果や結果が違うのかな？」と思うことがあるかもしれません。ほかの人と自分を比べて、落ち込むこともあるでしょう。私はありましたし、今でもたまに思うときがあります。

しかし、過ぎ去った時間を取り戻すことはできません。過去を、今から変えることは不可能です。過去ばかりをみて落ち込むのはやめましょう！　なぜなら、時間の使い方を身につければ、これからの成果や結果は変えることができるのですから。

タイムマネジメントとは、あなたの未来を自分自身で描いて実現していくこと。

私は「人生は時間の使い方で変化する」と思っています。同じ1日・24時間で何をするのか、誰と過ごすのか、この積み重ねが自分の人生や未来を創っていると思います。夢や目標に向かうのに遠回りをしたり、急展開でついていくのに必死だったこともあります。私は、小さいころから、「やりたくないことを、やらずに後悔する人生はイヤだ」と思い、好きなことややりたいことをたくさんしてきました。そのおかげで、今までの人生に後悔したことは、今のところはありません。

全てが良い経験、自分にとって必要な経験だったと思えます。

Ｌｅｓｓｏｎ３の冒頭でご紹介したこと以外にも、宝塚音楽学校に入りたくて、バイト代を貯めて受験スクールに通い、受験したことがあります。

ときには母の反対を押し切って、大学4年生の10月に、まだ就職先が決まっていないというのに海外視察としてフランスとイギリスに行きました。しかも、アルバイト代を数ヶ月分前借りしてチャレンジしたのです（私のことを信頼して、お金を出してくれたバイト先の社長にはめちゃくちゃ感謝しています）。

母は、母子家庭ながら、私のやりたいことをできる限り叶えるために、母の時間を割いて尽力してくれました。子どもだった私を「子どもなんだから」というのではなく、母と対等な1人の人として話を聞いてくれました。実現することがどうしても難しいことは、「家に金銭的な余裕がないからできない」ということをきちんと教えてくれたので、小さいながらに理解することもできました。
そんな状況でも、「自分がやりたいことを叶えるにはどうしたら良いだろう」「どうやったら実現できるだろう?」と考えられるように育ててくれた、母には尊敬と感謝の思いでいっぱいです。

母は働くことで、母の時間と引き換えにお金をもらうという労働収入をしていましたので、私も高校生になってからは学校に内緒でバイトをしていました。大学生になってからは、寝る時間も惜しんでバイトに明け暮れる毎日でした。
今なら、「自分がやりたいことを、もっと効率的に、もっと簡単にできる方法(お金に働いてもらう方法)があったのに(笑)!」と思えますが、受験も海外視察も、当時の自分が一生懸命取り組んできたことばかりですし、とても良い経験になったと思っています。ですから、やりたいことにチャレンジし、その後に後悔するということはありませんでした。

誰にでも平等に与えられている1日・24時間という時間。あなたなら、どのように過ごしますか？　後悔しない人生を送るために、そして人生をより良いものとするために、時間の使い方をいっしょに考えてみましょう♡

♡計画・準備の段階で、成功するかどうかの80％は決まっている

「タイムマネジメント＝未来を自分で描いていく（コントロールする）」ためには、次の５つの考え方を知ることが大切です。

【ポイント１】自分でコントロールできると思っていても、実際はコントロールできないことを知ること。

例えば、自分以外の他人は、自分でコントロールすることができません。会社の後輩にいくらレクチャーしても、後輩が自分の思うとおりに行動するとは限らないですよね。「他人を変えることはできない」ということを覚えておきましょう。

【ポイント２】自分でコントロールできると思っていても、実際はコントロールしてい

ないことを知ること。

このポイントに当てはまるものは、「健康」「金銭」「時間」「意識」などさまざまなものがあります。「どれも、やろうと思ったらコントロールできるよ！」と思われるかもしれませんが、実際にできていますか？

「健康」を例にとってみましょう。いつも体調は万全ですか？　そして、あなたは自分の理想的な体重や体型を維持していますか？

「金銭」を例にとると、「貯金ができない！　お金がない！」と言っていませんか？

「時間」を例にとると、「時間が足りない、余裕がない！」と言っていませんか？

全部自分の「意識」１つで変えることができるのに、実際は変えていない状況ではないですか？　いざとなればコントロールできると思っていても、今、コントロールできていないものを知りましょう。そのためには、振り返りが大切ですね♡

【ポイント3】自分でコントロールできると思って、実際にコントロールができていること。

言い方を変えると、今の生活習慣のことです。今、実際に行っていることが、実際にコントロールしていることに当てはまります。これまでのワークで、自分の生活についで見直してみたあなたなら、今の生活習慣についてすぐに振り返ることができると思います。

【ポイント4】自分でコントロールできないし、実際にコントロールできないもの。

例えば、電車やバスなど公共交通機関の時間、日本の経済や法律はコントロールできませんよね。法律は、自分と似たような考えをしている政治家に選挙で投票できますが、その政治家が選挙で勝ったからといって、すぐに法律が変わるわけではありません。会社の制度やお給料も、自分ではコントロールできないものです。昇進していけば変えられるかもしれませんが、「今」で考えると難しいし、会社の制度やお給料の担当部署ではなかったら、やはりコントロールすることはできないでしょう。

【ポイント5】自分でコントロールできないと思っていて、実際にはコントロールできること。

例えば、「未来に起こる出来事」「目標達成」「夢の実現」などです。理想の生活を実

現するために、「チャレンジすること」はできますよね！　そうすれば4の、今後の生活習慣を変えていくこともできます

自分でコントロールできることとできないことがあるのは当たり前のことです。でももし、自由なお金があれば、公共交通機関ではなく、プライベートジェットとか、運転手付きの車とかで移動できます。会社も自分で作ってしまえば良いし、いっそのこと働かなくても良いかもしれないですね。未来をそのような形に近づけることはできても、「今」の現実は違います。ですから、自分でコントロールできると思っていても、実際にはコントロールしていないことは、「コントロールできないもの」と考えてみてください。「やろうと思えばできる！」と思っていてできていないのだから、実際にやることはかなり難しいです。

だからこそ、【ポイント5】の「自分でコントロールできないと思っていて、実際にはコントロールできること」を見極めて、それに全力を注ぐことが大切です！　そしてその数を増やしていくために、行動すること。

未来に起こる出来事をコントロールするための計画・準備をしっかりと行うことで、

成功する確率は上がります。「計画・準備の段階で、成功するかどうか80％は決まっている」と考えてください。

つまり、計画・準備に時間を注ぐことがとても大切です。次から、タイムマネジメントについて、もっと具体的なスケジュール方法をご紹介していきます♡

♡優先順位の決め方

まず、日々の出来事を、次のページの４つの領域に分類してみましょう♡

４つの領域で、左上の①は絶対にやらなければいけないことですよね。その次に大事なことはなんだと思いますか？

実は右上の②なんです。この②は理想の人生を描いて、実現していくためのステップです。ですから、あなたの人生を理想のものにしていくには絶対に必要なことです。

では、それぞれの領域にどのくらいのあなたのエネルギーを使えば良いでしょうか？

私の考えとしては、

時間管理のマトリックス

	緊急	緊急でない
重要	第1領域 **緊急** 締め切りのある仕事、クレーム処理、事故や病気、危機や災害など **・仕事の大半を支配される** **・コントロールが重要** **・突発的な部分を事前に確保しておく**	第2領域 **価値** 人間関係作り、健康維持、準備や計画、勉強や自己啓発など **・将来への投資** **・すぐに結果が出ない** **・緊急性がない**
重要でない	第3領域 **錯覚** 突然の来訪、多くの電話、会議、報告書、無意味な冠婚葬祭など **・すぐに成果が出る** **・他人に評価されやすい**	第4領域 **無駄** 暇つぶし、単なる遊び、だらだら電話、待ち時間など **・仕事を遮る** **・すぐに結果が出ない** **・非効率な仕事**

1　緊急性の高い問題　20％
2　これからチャレンジすることの計画・準備　70％
3　重要ではないけれど、やる必要があること　9％
4　やらなくてもいいのにやっていること　1％

いかがでしょうか？　今のあなたの生活を見直したとき、あなたの力の割り振り方と、私がご紹介した力の割り振り方にはどんな違いがありますか？

1の次に、ついつい3を優先してしまいがちですが、2でしっかりと自分の理想に向かって必要なことを明確にして行動計画を立てる必要があります。この計画をしっかりと準備し取り掛かれば、80％の確率で成功するでしょう。

力の割り振り方を知ることで、日々の生活を良い方向に変えていくことができます。

さあ、次はタイムマネジメントに役立つツールをご紹介しましょう♡

♡タイムマネジメント最強ツール

タイムマネジメントをしていくためには、自分の時間を「見える化（視覚化）」することが大切です。「見える化」することで、「あれ何だっけ？」「週末の予定はどうなっていたっけ？」と考えることがなくなり、予定を思い出すために時間を使わなくて良くなります。その時間でサッと次の予定の準備をしたり、プライベートで行きたいお店のチェックなどもできてしまいます！

また、手帳、コピー用紙、付箋やアプリ、ケータイのメモ帳などに予定やＴｏＤｏリストを書き出しておくことで、振り返りにも使えます。「予定を手帳に書き込んだり、ケータイやＰＣに打ち込むのは面倒くさい」と思うかもしれません。でも、予定を書くことは、理想の人生を手に入れるためのヒントを書き込んでいるのと同じことです！

ぜひ、あなただけのヒントをたくさん書き込んでみてください！

私はカフェなどで、予定を立てたり、振り返りをすることが多いです。大好きなロイヤルミルクティを片手に、手帳と何時間でも向き合えます。

私にとって、手帳は「理想の人生を叶えるための地図」のようなものです。毎年、私専用にカスタマイズした手帳を作っています。私の手帳にはＥｘｃｅｌで作成したワークシート（「ライフプランニングシート」「目標リスト１００」など5種類）をプリントしたものを差し込んでいます。ですので、手帳が1冊あれば、どこでも理想の人生を叶えるための地図を描ける（スケジュールを組める）ようになっています。

また、ＭａｃＢｏｏｋ（愛用のノートパソコンです♡）も手帳と同様、いつも持ち

歩いています。スマホもいいですが、「カフェでＭａｃのＰＣで仕事している」って、私のなかで憧れのスタイルでもあるのです♡

カスタマイズしている手帳のワークシートは、ＰＣで私が作っているので、データをいつでも修正できるようにしています。翌年のやりたいことも、思いついたらすぐに更新します。

あなたも、あなたのライフスタイルに合わせて、タイムマネジメント最強ツールを作りましょう！　そのために、手帳とクラウドのポイントについて、もう少し詳しくご紹介しておきますね♪

【最強ツール１】手帳

手帳の中身は、24時間表記になっているタイプがオススメ。一目であなたの１日の予定がわかりますし、予定がなくて空いている時間もわかります。空いた時間は、あなたのワクワクするような予定を入れちゃいましょう！　そして、１ヶ月間の予定も書き込むことができるページがあるものを選んでください。

手帳のメリットは、いつも持ち歩いていれば、思ったことをすぐに書き込めるとこ

ろです。自分らしくカスタマイズできるところも、手帳ならではです♡

ただし、自分に合った手帳を探すのはけっこう難しいもの。ショップで手帳の見本を見ていると、「このページいらないのにな」とか、「もう少し書き込みのスペース大きかったらいいのに」とか思ってしまいませんか？　私は、自分にあった手帳が見つからなかったので、インターネットで見つけたサービス、ネットde手帳工房（https://techo-kobo.net）を利用し、自分で手帳を作りました。

【最強ツール2】クラウドサービスの活用

クラウドサービスを利用していると、スマホ1つあれば中身を確認することができます。私はＧｏｏｇｌｅカレンダーを活用しています。ＰＣから予定を更新すれば、全部連動して変更してくれるのも便利ですよね！　しかも、持ち運びするのにスマホ1台でＯＫなんて、とっても少ない荷物で外出できてしまいます♡

便利な時代になりましたが、クラウドだけを使うのではなく、手帳もいっしょに使ったほうが安心ではないでしょうか。スマホやパソコンの充電が切れたり、データが全部消えちゃったら、予定がわからなくなってしまいます。バックアップをしっかり

とっておくとともに、やっぱり手帳にも予定を書き出すことをオススメします♡
タイムマネジメント最強ツールの準備ができたら、あなたのライフスタイルに合わせてどんどん利用しましょう！　次の項目では、こういったツールの活用方法をもっと具体的にご紹介しています。理想の生活の実現に向けて、自分の時間を大切に使っていってくださいね♡

♡ツールを有効活用して最速で結果を出す

前の項目でご紹介した、手帳とクラウドサービス（使うのはＰＣやスマホ）は準備できましたか？

これらの最強ツールを使って、ここまで取り組んできたワークを参考に、「理想の生活を実現するために取り組むこと」「１００個の目標」をスケジューリングしてみましょう！　目標では、「○○までに●●を実現させたい」と思っていても、実際にスケジュールを組んでみると、「意外と時間がない！」ということがたくさんあります。

例えば、資格取得という目標をスケジューリングしてみましょう。まず確認するべきことは「試験日・講座受講日」「試験範囲・事前学習や課題」です。

試験日まで3ヶ月あったとしましょう。3ヶ月間で、試験範囲を全て学習し、試験に合格するレベルまで知識を身につけるためには1日何時間の勉強時間が必要でしょうか？ これは、試験の難易度や、あなたの学習スピードによって変わってくるでしょう。「3ヶ月間で英検3級をとる」という目標なら余裕をもって取り組めるという方でも、「3ヶ月間で司法書士の資格をとる」という目標なら「時間がない！」と思うかもしれないですね。

このように、目標を達成するために行動する内容を具体的に考えると、「意外と時間が足りない」ことがあります。

また、「理想の生活を実現するために取り組むこと」を書き込んでいくと、手帳がどんどん埋まっていくでしょう。「やることがありすぎてヤバイ！」と、パンクしないでくださいね。そんな状況に陥らないための方法があります！

それは、自分の日常を【時間割化】することです。

1日は24時間です。これを、毎日細かくタイムマネジメントしてくのは大変です。
そこで、自分の日常を【時間割化】して、習慣づけちゃいましょう♡
次は、【時間割化】について詳しくご説明しますね！

♡自分の時間の「時間割化」ワーク

私たちが、小学生~高校生の間、朝8時30分に登校して、6時間の授業を受けて、それにプラスして部活動やアルバイトができていたのはどうしてだと思いますか？

それは、「時間割」があったからです。

この時代、私たちは1日の活動時間のほとんどを学校で過ごしていましたよね。そして、学校での全ての行動は「時間割」で決められていました。

時間割のない長期休みになると、つい、ダラダラしちゃうことはありませんでしたか。大学生になると、寝坊したり不規則な生活になってしまった経験はありませんか？　社会人になってからは、平日は仕事をするけれど、休日は「お昼まで寝て過ごした」「1日中ダラダラしていて何もせずに終わってしまった」なんてことはありませんか？　私はあります！　でも、そのあとには必ず後悔をしていました。

時間割がないと、自分でタイムスケジュールを作っていなかったら、何をしたらいいのかわからなくなって時間を浪費しがちです。


人間の脳は、「決められたことを行う」ようにインプットされているそうです。ですから、決められたことに向かって行動することができるのです。つまり、「時間割」を決めておけば、そのとおりに行動するようになるのです。

私は、大まかに日々の時間割を決めています。あまりきっちり決めすぎると、予想していなかったことが起こったときに対応しにくいですし、ストレスが溜まってしまいますので。大まかな時間割で決めたことは、次のような内容です。

・仕事
・プライベート
・副業
・学び

この時間割のなかに、Ｌｅｓｓｏｎ１のワークで取り組んだ「人生でやりたいこと

100リスト」から、実際にやれることを入れていくと、日々の予定がスムーズに進むだけでなく、副業の時間も確保できますし、目標まで達成できてしまうのです。

あなたも、自分のペースに合った時間割を作ってみてください♡

♡振り返ることの大切さ

今までにも、何度か「振り返り」、つまり振り返ることの大切さについてお話してきました。

予定を立てるだけでは、理想の生活は実現しません。理想の収入を手に入れるのも難しいし、時間がかかると思います。予定を立てて行動をすると、予定を立てて行動しないよりは、物事をスムーズに進めることができます。しかし、その行動の「良い点」「反省点」「改善点」が見えなかったら、行動の結果を次に活かすことが難しいでしょう。

だからこそ、「振り返り」をすることをオススメします！

自分自身の行動を振り返るときには、「こんなふうにしたら上手くできた」「ここをアレンジしたらもっと楽しめた」と、「どうやったらもっと自分がワクワクできたか」という基準で考えたら、振り返りの時間がもっと楽しくなりますよ♡

【振り返り】

私たち夫婦は、毎月最初の土日に、

・先月の振り返り
・今月の目標設定
・支出の予定

などを確認しています。

結婚してから、長いあいだ私1人で振り返りをしていましたが、2018年からはパートナーといっしょに行っています。1人でやるよりも、パートナーといっしょに行うことで、全ての予定が以前よりもスムーズに進むようになりました。

1つ1つの行動について、いっしょに行う仲間がいるなら、1人で振り返りをするよりもいっしょに振り返りをすることをオススメします♡

自分の経験や失敗談をみんなにシェアすることで、自分自身も気づきがありますし、仲間たちから自分の視点や考え方が変わるようなアドバイスをもらえるかもしれません。仲間にとってもプラスになると思います！

個人的には、自分自身の振り返りについては毎日行うことをオススメします。「いきなり毎日するのはちょっと……」と思う方もいるかもしれません。正直に言いますと、私も毎日できてなかったりします（笑）。ただし、やっている日と、やっていない日では仕事が終わった後や、休日の予定が終わった後に感じる1日の実感がまったく違います！

まずは月に1回でも良いから、「振り返りをする」ということを意識して行ってみてくださいね♡

♡1日5分の振り返りが人生を変える！

ここまで、タイムマネジメントの大切さについてお話してきました。

計画・準備の大切さや、振り返りの大切さについて、おわかりいただけたことと思います。

「でも、計画や準備にそこまで時間を取れないよ」「振り返りって、すごく時間がかかるものじゃないの？」というように難しく考えていませんか？

そんなことはありません！

実際に、私は毎日（できない日もありますが（笑））、次の3つのことを「5分」ずつかけて行っています。

【朝の5分】1日の予定の確認
【本業の就業時の5分】本業の振り返りと、本業後の予定（副業の予定）の確認
【就寝前の5分】本業後から就寝までの振り返りと、翌日の予定の確認

慣れてくれば、どれもサッとできます。朝のスケジュール確認は2分、就寝前の振り返りと予定の確認は3分でできることもあります。

「5分って言うけど、めんどくさい。忘れそう」って思いますよね！　そんな時は、「何かをしながらの時間のなかで5分行う」と考えてみてください。歯磨きしながら、

洗い物しながら、洗濯を干しながら……、わざわざ時間を作ろうと思うと大変だけど、何かをしながらの時間だったらできそうじゃないですか？

この3つの「5分」で、次のようなサイクルを作ることができます。

・取り組む内容がはっきりしているので、仕事がスムーズに進むようになる

↓

・時間に余裕が生まれる

↓

・空いた時間を使って新しいことに取り組むことができる

・本業の残業を減らせる

・自分のために使える時間（趣味や自分磨きなどの時間）が増える

・副業の時間を増やせる

↓

・収入が増える

つまり、このたった「5分」で素晴らしいサイクルを完成させることができるので

す！　この「5分」は、通勤時間中に取ってもいいですし、お風呂に入っているときに取ってもOKです。実際に行うのはハードルが高そうという人は、無理やり時間を作るのではなく、まずはなんとなくぼーっと過ごしがちな時間から「5分」、何かをしながらの時間から「5分」を作ってみてください。

「自分の時間＝人生を考える」習慣を身につけましょう♡

これができれば、人生も収入も理想に近づいて行きます！

Lesson 6

理想の生活に向かって、
1歩踏み出せる行動力の秘訣

♡あなたはいつまで「願う」だけの人生でいいのでしょうか？

「年収1000万円になりたい」「あと10kg痩せたい」「海外旅行に行きたい」――――そんなふうに夢を書き出して、「願っているだけ」では夢は叶いません。

夢を「人に言う=宣言する」ことは大切ですが、何の努力や行動もしないで夢や目標が叶うなんて時代ではありません。

宣言するということは、周りの人と自分自身に約束するということです。人は、約束をしたのであれば、実現するために何かの行動をするものです。自分1人では実現できないこともたくさんあると思います。そんな時は仲間を見つけていっしょに頑張ってください。シンデレラのように待っているだけで、いきなり魔法使いが現れ、魔法をかけてもらい夢が叶うなんて時代はとっくに終わりました。

ときには、「願っていたら叶ったよ」「人に言うだけでできたよ」という方がいらっしゃるでしょう。私も、何かが上手くいったとき、そんなふうに感じることもよくあります。でもそれは、本人が努力したり、頑張ったりしているつもりがないだけで、目標実現に向けてきちんと行動しているからなのです。

自分のなかでは、「何も苦労してないし、楽しんでやってるだけ」なので、「努力しなくても叶った」と魔法のように感じているだけなのです。


宝くじで考えてみましょう。

「お金がほしいな〜、宝くじ当たらないかなぁ〜」と言ったり、願ったりしているだけでは、宝くじは当たりませんよね。私も、「1等10億円当たらないかなぁ〜、当たったら何買おう？」って想像します。でも、私が宝くじに当たることはありません。だって、夢を見ているだけで、実際に宝くじ自体を購入しないからです。宝くじも買わなければ当たる確率は0％です。当たり前ですよね。当たり前のことですが、このように何事も行動しなければ何も始まりません。

では、「10億円当たったらいいな。10億円あったらこんなことしたいな」と思って、宝くじを購入したとしましょう。宝くじを購入したことで、10億円を手にするチャンスが生まれました。だって、このチャンスは自分が行動した結果です。何もしないときから比べると前進していますよね！

さて、宝くじが当たる確率はどのくらいでしょうか？
宝くじ。買ったら絶対に当たると思いますか？
この確率については次の項目でお話したいと思います。

♡夢を買いますか？ それとも夢を手に入れるためにお金を使いますか？

次のようなゲームがあったとしたら、あなたは参加しますか？

【ゲーム】あなたは今、北海道にいます。これから1円玉が1枚、北海道のどこかに落ちます。それを頭で受け止めてください。1円玉を頭で受け止めることができたら、10億円プレゼントします！　1回３００円でチャレンジできますよ。

いかがですか。北海道のどこかに落ちてくる1円玉を頭で受け止める自信はありますか？

私はこのゲーム聞いたとき、「無理やろ」って思いましたよ（笑）。だって、北海道って、都道府県の中で一番大きいし、どこに落ちてくるかもわからないんですよ？

私なら、ゲームに300円を使うより、六花亭のバターサンドを買いたいです。

実は、このゲームに勝って10億円をGetする確率と、宝くじを1枚300円で買って10億円を当てる確率は同じなのだそうです。

私は、宝くじとは「10億円当たったら何しようっかな～」と夢見ることを買うこと、つまり「夢」を買うことだと考えています。夢を見ることはワクワクしますし、とっても素敵なことだと思います。けれども、宝くじが当たる確率はかなり低く、夢見るだけで終わってしまうことがほとんどではないでしょうか。
でしたら、同じ「お金を使う」といっても、確実に結果が出る方法を選びたいと思いませんか？　そのほうが、夢を実現させることができるでしょう。理想の生活を実現するために、お金を有効に使っていきましょう♡
このLesson6では、今までお話してきたことのおさらいも含めて、あなたが迷わず行動できるために、大切なポイントをご紹介します！

♡モデリング

理想の人生を描いてみても、「今の自分には実現できるわけない！」と思う方がほとんどでしょう。成功する前の段階なので、自分に自信が持てなくても当たり前のことだと思います。

ですから、【モデリング】＝「憧れの人生を送っている人をマネてみる」ということをオススメしています。あなたが憧れる生活を送っている方のライフスタイルや、食事・住んでいる場所・ファッション・仕草・話し方・考え方などを全てモデリングしてみてください。

「周りに理想の生活をしている方がいないんだけど……」というあなた、モデリングする相手を見つけるポイントをご紹介しておきますね♡

【理想像の見つけ方】

・「この人ステキだな」と感じる人

そのなかでも……

・自分の理想の生活や生き方をしている人

「この人ステキだな」と思う相手は結構見つかるのではないでしょうか。モデルさんや芸能人でもいいのです。ただし、その人があなたの理想の生活を送っているかどうか、理想の働き方をしていて理想的な収入を得ているかどうかはわかりませんよね。

「ステキだな」と感じる相手を見つけたら、相手のお話をしっかり聞くなどして、情報を集めてください。そして、あなたが「モデリングしたい！」と思える人を見つけてください♡

それでも、どうしても「モデリングしたい相手が見つからない」ということもあると思います。

私の場合は、自分の理想像がはっきりしているので、「○○さんみたいになりたい」というのがあまりありません。ですので、「自分で作っちゃえばいいよね！」と思っています。

私の勤め先の会社は、営業職は男性社員が多く、女性社員は少ないです。そして、

少ない女性社員のほとんどは、
・独身もしくは子どもがいないＤＩＮＫＳ世帯
・仕事第一でプライベートは充実していない
・会社の制度をうまく活用しないまま、「会社を辞めるしか方法がない」といって退職していく

という感じです。正直に言うと、私と似たような状況（結婚している・プライベートも充実させようとしている・会社の制度をフル活用している・収入の柱を複数持っている）の女性がいません。

「会社の制度を活用したくても、できるような状況じゃない」「現状を変えようとして周りに話をしたって何も変わらない」「会社の環境を改善するなんて、自分の仕事じゃないのにそんなこと考えなくてもよくない？」という声が聞こえてきそうです（笑）。

でもね、そんな環境だからこそ声を上げないと変わらないのです。

私は、勤め先の会社の働き方を改革して、女性社員のロールモデルになりたいと思っています。だからこそ、最初から「無理だ」って諦めたくないのです。諦めた時点

で、理想の人生は手に入れることができないから。

あなたも、「周囲にモデリングするような相手がいない」「こんなふうになりたいという理想像がはっきりしている」という状況なら、あなた自身が素敵な人になってください♡

しかしながら、一から素敵な人を目指すのは大変ですよね。新しいことを始めるときや、他人とは違うことをするときは不安を感じて当然だと思います。

「批判されたらどうしよう」「失敗したらどうしよう」「嫌われたらどうしよう」……。

いいえ、不安だからこそ、その道で成功している人のマネをしましょう！

経験したことないことをするのは誰でも怖いものです。でも、最初から失敗しないってわかっていたら、怖さや不安も軽減しませんか？　成功している人の真似をするだけでいいのです。なぜなら、その人は成功しているのだから、その人と同じことをすれば失敗する確率は低いのです！

「全てをモデリングしたい」と思える相手を見つけるのは難しいこともありますが、特定の分野については「この人をモデリングしたいな」と見つけられるはずです。モデリングする相手は1人でなければならないということはありませんので、あなたが「ステキだな」と感じる相手にどんどん会ってみてくださいね♡

ただし、成功者（モデリングする人）選びを間違えないように気をつけてください。「成功しているように振る舞っている人」に騙されないでくださいね。そして、時代は変化しているので、その時代に合った方法で成功している人を見つけましょう。時代の変化を考えて取り組むことが、成功するためにも大切なポイントです♡

♡ブレない自分を作る

「よし！　理想の人生のために新しい収入の柱を作ろう♡」とやる気になったあなたは、きっと、たくさんの情報を集めたり、理想の人に会いに行ったり、勉強したりすると思います。

ところが、たくさんの情報やアドバイスが増えれば増えるほど、「やっぱりAよりBのほうがいいのかな？」と悩むことも増え、方針や方向性がどんどんぶれていく危険性があります。

周りの意見に流されて、「結局自分は何がしたかったんだろう?」と、自分がしたかったことがわからなくなっては、理想の生活から遠のくばかりですよね。

だからこそ、自分軸をしっかりと持つことが大切です! 自分軸とは、ほかの人に何と言われても、揺るがないあなただけの考え方や価値観です。自分軸を持つことこそが、理想の人生を手に入れる鍵なのです。

【自分軸の見つけ方】

「自分軸を見つけたいけれど、どうやって見つけたらいいのかわからない」、そんなふうに思っていませんか? しかし、実はあなたはすでに自分軸を見つけるための行動を取っています。

本書で取り組んでいただいたワークで、「自分の理想」「理想の生活を実現するためにとる行動」がはっきりしてきたと思います。そうです。本書のワークは気づかない間に自分軸を見つけるためのワークだったのです。あなたは今、あなただけの自分軸を持っていることでしょう。

さらに、タイムマネジメントやモデリング、目標達成のための行動や振り返りを行っていくことで、あなたの「やりたいこと」「やりたくないこと」が明確になっていきます。すると、選択を迫られたときも「自分の理想」に近づくかどうかで判断できるようになるでしょう。

「藤咲さんの『現代プリンセス式♡副業成功』を読んで、ワークもきちんとやったし、ぶれない自分軸は完成したもんね！」というわけではなく（笑）、日々の行動や選択の繰り返しこそ、ぶれない自分軸を作り上げていくものです。

1日1日、「自分の理想」に近づく選択と行動を心がけてください♡

私も、これから先の理想の人生に向かって、自分軸をアップデートしていきます。

自分軸を見つけたら終わり、ではなく、そこからがスタートです。そして、理想の人生を手に入れたいのであれば、いつからでもスタートすることは可能なのです！

断捨離®

私の人生が好転したきっかけをご紹介しましょう。

それは、人気の節約ＯＬブロガーさんが始めた、「断捨離祭り」という企画に参加したことです。

「収入の柱を作ることと・理想の人生を手に入れることと、断捨離は関係ないのでは？」と思うかもしれないのですが、実際に、私は「断捨離」をしたことで人生が好転し始めました。

私は、実家暮らしをしているころから、服・本・雑貨などを捨てることができないタイプでした。お菓子の包装紙やリボンも、可愛いものやおしゃれなものは「いつか使えるから」と保管していました。

趣味は形から入るタイプだったので（これは今でもですが）、ハンドメイドの材料や、大好きな宝塚歌劇や劇団四季のパンフレットやグッズ類もたくさん持っていました。買って満足して、使わないので、保管スペースがたくさん必要で、いつも部屋に圧迫感を感じていました。そして、自分の部屋なのに、リラックスできないので部屋に帰りたくありませんでした。

一人暮らしを始める際に、新しく借りた部屋は1Kで収納スペースが限られていたので、たくさんのものを処分しました（本は300冊、服は大きいポリ袋で20袋ほど）。それでも捨てられなかったものがたくさんありました。「お金をかけて買ったのに、捨てるなんてもったいない」と思っていたのです。典型的な、そして根っからの貧乏性です（笑）。

そんな私が、「断捨離しよう」と思ったのは、パートナーがミニマリストで綺麗好きだったからです。彼から怒られるのがイヤだったのと、掃除や片付けが苦手なので、逆転の発想で「掃除や片付けをしなくてもいい部屋にしよう！」と思ったからです。

また、夫婦ともに総合職に就いており、数年ごとに転勤があるため、「荷物が多いと引越しが大変だ」と気づいたのもあって断捨離に取り組みました。

「断捨離祭り」に参加して、断捨離をスタートしてからは、「捨てるのがもったいない」と思っていたものでも「1年使っていないものは処分する」とマイルールを決めて処分していきました。そのなかでも、状態の良いものはメルカリに出品しました（物販についてはLesson3を振り返ってみてください）。

断捨離の結果、部屋の荷物は収納スペースに全て収まったのでスッキリし、メルカリの売上は30万円を超えました。断捨離を続けていった結果、自分に必要なものが明確になり、探し物をする時間も減りましたし、掃除も楽にできるようになりました。不要品を処分した累計金額は50万円を超えました。この収入は、旅費や仕事の必要品を購入するための費用に充てました。つまり、断捨離で得たお金は今後のための投資に使うことができたというわけです。これにはパートナーも大満足で、積極的に断捨離に協力してくれるようになりました。

このように物販まで行わなくても、断捨離そのものには、メリットがあります。断捨離は、家にあるものの取捨選択をしていくことです。「自分にとって本当に必要なもの」と「そうでないもの」を振り分けていきます。この小さな取捨選択を積み重ねていくと、「自分にとって本当に必要なもの」の選び方が身につき、「マイルール」ができ上がります。「マイルール」は、ものだけでなく、予定や人間関係・人生の取捨選択をするときにも活躍します。

断捨離で小さな取捨選択を繰り返すことで、ゆくゆくは人生の取捨選択もスムーズにできるようになるのです。

私の場合、「安いから」「とりあえず」「せっかくお店に来たのだから」という理由でものを買うことがなくなりましたし、「もったいないから」といってものを取っておくこともなくなりました（そもそも、もったいないからと思うようなものを買わなくなったので、支出も減りました）。おかげで、自宅には自分の好きなものが増えていきました♡

といっても、もの自体がかなり少ないですが（笑）。

あなたも、「自分にとって本当に大切なもの」を選ぶことができるように、断捨離にチャレンジしてみませんか？　本書を読んで、「物販をやってみよう」と考えているあなたは、是非そちらも♡

前回お話した、「自分軸を見つける」きっかけになるかもしれませんよ！

♡ドリームキラーの対応策

新しく何かを始めるときは、反対する人が必ずと言っていいほど出てきます。それが、「ドリームキラー＝夢を壊す人・阻む人」と呼ばれる人です。こういう人は、あなたのためを思って反対しているわけではなく、あなたが成功することで、自分よりも優位に立たれることがイヤだから、あなたの行動にストップをかけたり反対したりするのです。

また、自分自身もドリームキラーになる可能性があります。人は、自分が経験したことがないことや、変化に対して不安や恐怖を抱きます。今の生活が一番楽なので、その生活を保とうとしたがります。そうすると理想の人生を描いても、変わるのが怖いし、行動するのがしんどいから、「今のままでいいや」と自分で自分の未来を壊してしまうのです。

そのようにならないために、私は、モデリングしている人や本当に信頼できる人の意見しか聞かないようにしています。だって、ドリームキラーは私が理想とする生活をしているわけではないのですから！

ですが、「せっかく親身になってアドバイスしてくれている人のことを、ドリームキラーだからと言って、言うことを聞かないなんて無理だよ～」という意見の方が多いでしょう。


そんなときの秘訣があります。それはアドバイスをもらったその場では、相手の意見を受け入れることです。

「この人が言っている内容は、私の理想とは違っている！」と思ったからといって、そこで否定したり、頑なな態度をとったりしても何も変わりません。それどころか、相手の気分を害すだけで、あなたにとってマイナスになる可能性があります。

Ｌｅｓｓｏｎ５の話を思い出してみてください。「他人をコントロールすることはできない」でしたよね。

あなたがどんなに自分の考えを力説したところで、相手をその場で変えるのは無理です（できるとしても至難の業です）。

ですから、一度相手のことを受け入れて、「こんな考え方もあるんだなぁ」と自分の学びにしましょう。

また、あなたも誰かのドリームキラーにはならないでください。相手の悩みや夢を叶えるための方法を知っているのなら、まずは相手の考えを受け入れてから、「こんな方法もあるよ～」と軽く伝えてあげてください。そうすれば、信頼関係が結ばれていくはずです。

相手に意見されても、反対されても、行動するのは、あくまであなた自身。相手にも、あなたの言うことを聞く・聞かないという選択の自由があります。そして、あなたも、もらったアドバイスを実行するかしないかは、自分で決めたら良いのです♡

♡１人では心が折れるからこそ、仲間を作る

副業をしている多くの方は、「副業について相談する相手がいない！」「相談相手が少ない！」とおっしゃるのではないでしょうか。私もその１人でした。大企業でも副業容認の動きがありますが、「本業でやることがたくさんあるのに、副業なんて」と思う方もいるかもしれません。会社で副業の相談は、なかなかしづらいものですよね。

そんなとき、同じ目標に向かって頑張る仲間がいると心強いものです！　仲間がいれば同じ目標に向かって頑張ったり、そこで出てくる悩みや不安を共有することができます。

今は、ＳＮＳですぐにコミュニティを見つけて参加できます。私も、本の出版までするようになったきっかけは、ただただ日常を描いているブログを再開したことです。そう思うと、ＳＮＳって本当にすごいですよね！

【収入の柱ごとに仲間を見つける（例）】
- 投資→投資のコミュニティ
- 起業→起業のコミュニティ
- ＯＬさんならではの相談→ＯＬさんのコミュニティ
- 働くママならではの相談→ワーママのコミュニティ

さまざまなコミュニティに参加することで、私と似たような目標を持った節約ＯＬさんと仲良くなったり、ともに起業を目指す仲間と巡り会えました。そして、同じ目標に向かって頑張る仲間と支え合ってきたから、今があります。
仲間の存在は、とても大きいです！
あなたも、実生活ではなかなか相談できる相手がいないのであれば、ＳＮＳを活用してみてください♡
今の生活をしていたら出会わないような人と交流する機会が増えますよ！

♡正しい知識、経験を増やす

これまでのＬｅｓｓｏｎで、正しい知識を身につけることや、正しい情報を選ぶことの大切さをお伝えしてきました。行動することの大切さについても、お話してきたとおりです。

私が20代のうちに8つの収入の柱を作ったり、理想の人生のために行動し続けられるのは、趣味が自己啓発だからということもあると思います。

新しいことや、自分が興味を持っている分野のことを学ぶことが、とても楽しいのです。セミナーに参加したり、本を読んだり、仲間やメンターに教えていただいたり……。セミナーなど自己啓発を学ぶ場所に集まる人たちは、多くの方が現状より良い生活・仕事をしたいと思って学びに来ているので、仲間を見つけることもできます。

人というのは、たくさんの経験を積み重ねたうえで、「新しく何かを始めよう」と思ったときには、浮かんでくる選択肢がたくさんあるものです。本書の副題にもあるように、私は、収入の柱を作ることだけでも8通り以上の方法を持っています。

私は、「知りたい」「やってみたい」という自分の気持ちや好奇心を大事にしています。その好奇心を実現するためには何が必要か、どうしたらできるのかをいつも考えています。

あなたは、好奇心を大切にしていますか？

「知りたい」「やってみたい」と思ったら、行動してみましょう！　そして、行動に移すことで成功体験を積み重ねていくことがとても大切です。

小さな成功で良いのです。「今日は5分の振り返りをきちんとできた」「今日は、残業のないように、本業をスムーズに進めることができた」というように、小さな成功を積み重ねていきましょう。

どんなことでも、うまくいく（＝成功する）と、そのことを続けることができます（成功しないと、イヤになっちゃいますけど）。

また成功体験と同じく、失敗体験もとても重要です。ただし失敗したときは、「失敗した」と悲しんで終わるのではなく、失敗から「何がいけなかったのか」「どこを改善したらうまくいくのか」を考えて、行動を改善していきましょう。そうすればたとえ「失敗」でも、そこから「成功へのヒント」をたくさん見つけることができます。

さらに「やりたいこと」があるなら、周りに言ってみましょう！

「やりたいこと」があるなら、人生一度きりなのでぜひやってみてください！　挑戦して、行動した結果、「失敗した」と思って落ち込むことも、悲しくなることもあるかもしれません。でも、挑戦しないで、同じように後悔するくらいなら、やりたいことをやりたいときにする人生の方が楽しいはずです♡

成功と失敗、どちらも経験しながら、行動し続けてほしいのです。多くの経験が、あなたの選択肢のバリエーションを広げてくれます。そして、あなたの描く理想の生活に向かうためにはどの選択肢がベターなのか、より柔軟に考えることができるようになるでしょう。そうすることで、あなただけの成功法則ができあがっていきます。

「自分で勉強するのは苦手！」「興味のないことは学ぶ気にならない」という方は、「興味がない、もしくは苦手だけれども勉強しなくてはならない」分野の専門家を友人に持つと良いですよ♡

私は、ダイエットや食事に関する分野が苦手です（笑）。ですから、その方面の専門家のお友達に指導してもらっています。おかげで、一から学ぶことなく、自分に合った食生活や運動をすることができています。効率よくダイエットに取り組めているので、とても助かっています♡

「全て1人で学ばなければならない・経験しなくてはならない」と考えることはないのです。あなたが苦手な分野については、それを得意としている方に学ぶか、任せてみましょう。そうやって、行動範囲をどんどん広げていってみてください♡

♡忘れてはけない！　体調管理

ここまでいろいろなお話をしてきましたが、人生において何よりも大切で、一番に取り組むべきポイントは何だと思いますか？

それは、心と身体の健康を維持することです。

お金があったとしても、健康でなければ理想の生活を送ることはできません。副業や夢の実現に向けて行動することができるのは、健康があってこそです。心と身体の健康は、ついつい後回しにしがちですが、決して忘れてはいけない部分です。

【睡眠】

「睡眠負債」という言葉が流行語にノミネートされるくらい、日本人は睡眠不足です。私も、副業を始めたばかりのころは、寝る間を惜しんで準備をしたり、情報収集をしていました。その結果、日中のパフォーマンスは低下し、いつも眠気に襲われていました。こんな状態では、必要なことを学んでも半分以上頭に残りません。睡眠時間を削る↓学習時間を増やす↓日中のパフォーマンスが悪化して仕事が増える↓残業↓睡眠時間を削る……。これってめちゃくちゃ悪循環です！　そして実際心と身体のバランスを崩しました。

私は自分が心身の体調を崩して初めて、健康の大切さに気づきました。心身の健康を取り戻すために、時間管理・運動・食事と取り組み、最後に改善に取り組んだのが睡眠です。

睡眠を変えるだけで、多くの悩みが解決しました。睡眠の大切さに気づいてからというもの、誰に学べばいいのかわからなかったので、睡眠に関する本を何冊か読みました。そして、質の良い睡眠をとるために、自分なりに取り組めることを実践しています。

睡眠の勉強をして、実際に取り組んでみたことのなかで効果があったものをご紹介しておきますね♡

・寝る前にスマホやＴＶを見ない
・自分に合った睡眠時間を見つける（私の場合は８時間です）

・アイマスクをして寝る（光をシャットアウトする）
・寝る前はカフェインの摂取を控える（私は喉が渇いたら水を飲むようにしています。以前は、大好きなミルクティを飲んでいましたが、控えるようにしました）

質の良い睡眠がとれなかったころは、寝つきに数時間かかる日がありました。しかし、先ほどご紹介したようなことを実践した結果、今は10分程度で眠りにつくことができるようになりました。その結果、日中は眠気を感じることなく本業に取り組み、帰宅後は副業に取り組むことができています。

【食事】

結婚してから気づいたのですが、私は料理を含めた家事が嫌いです（笑）。学生時代から料理教室に通っていたのに！です。できれば自分で作りたくないので、「食事もレトルトや外食、コンビニでいいじゃん！」「さらにスナック菓子もいっぱい食べちゃう」という生活をしていました。そんな食生活をしていたら、太るのは当然ですし、身体に良くないですよね。

私の場合は、ストレスと食生活の乱れから、1年間で25kg以上太ってしまい、現在、トレーナーさん（友人）にサポートしてもらいながら、理想の体型を目指して頑張っています。トレーナーさんは、ファスティングや筋トレなど、取り組む内容について具体的にアドバイスをしてくれます♡

食生活については、

・野菜中心の食事にする
・ご飯を白米ではなく玄米ご飯にする
・お味噌汁を飲む
・飲み物は水にする

というように変えただけで痩せていきました。肌も白くなり、便秘も解消されました。

外食をするときも、「どのメニューが自分に合っているか」を常に考えるようになりましたし、お菓子を食べた翌日は自分で食事を調整するようになりました。「食べ過ぎたら、あとから調整する」という意識が身についているので、好きなものを我慢することはありません♡

ダイエットを始めてから、「痩せた！」という成功体験を積み重ねてきているので、意識改革もできているのだと思います。意識が変われば、選ぶものが変わります。ですから、自然な形で食事改善を進めることができています。特に、痩せてくると、自分が「綺麗になっている」と実感をもてることが嬉しさを倍増させるので、さらに頑張る↓綺麗になるための努力を勝手にしてしまう、というサイクルが出来上がります。

【運動】

私は、中学高校時代は運動部でしたが、大学卒業後はめっきり運動しなくなりました。結婚式前はダイエットのためにホットヨガに通っていたことがありますが、途中で通うのが面倒くさくなり、行かなくなってしまいました。

現在は、自宅でできるパーソナルトレーニングと、日常生活における運動量を増やすように心がけています。例えば、エレベーターではなく階段を積極的に使ったり、気づいたときにドローイング（お腹を凹ませながら、息を吐き出す）をしたりしています。

どんなに良い運動方法があったとしても、続けなくては意味がありません。自分に

合った方法で、続けられる運動を取り入れるようにすることをオススメします♡

【睡眠】【食事】【運動】――どれも、心と身体の健康を維持するために欠かすことはできません。私はそれぞれの分野の専門家ではありませんが、自分に合った睡眠改善法や食事方法、運動方法を見つけて実行するようにしています。

あなたも、理想的な生活を送るために、生活リズムを見直してみてください。心と身体が元気なら、理想の生活の実現に向けて、思い切り行動できますよ♡

♡ここからが、【現代版プリンセス】への第一歩

ここまでたくさんのことを、お伝えしてきました。

今の生活が幸せだと感じ方、未来がワクワクしている方、今の生活に対する不安や不満に気づいた方……。どれも、今思っていることが本音だと思います。

でも、その気持ちをそのまま胸にしまっていては何も変わりません。

【現代版プリンセス】は

・自分で考え、人生を切り拓いていく
・夢を叶えるために行動する
・コンプレックスも魅力に変えていく

そんなお姫様なのです。

初めて取り組むことには不安はつきものです。でも、どうやったら不安を解消できるのかを考えて、行動することだけが、人生を切り拓いていくことにつながっていきます。

もちろん行動すれば、成功だけではなく失敗もします。どちらかというと、失敗だと感じることの方が多いと思います。私もたくさん失敗をしてきました。でも、失敗を放置せず、どうやったら良くなっていくのかを考え、さらに行動を続けることで、「失敗は経験」に変わります。

一度しかない人生、たくさんの経験をした方が楽しいと思いませんか？　そしていろいろなチャレンジや経験をするために、お金は必要です。

さぁ、勇気を出して【現代版プリンセス】になる一歩を踏み出してください！

おわりに

♡ごく普通の会社員でも、夢を叶えるための収入の柱は持てる

本書を最後までお読みいただきありがとうございます。
私はごく普通の（どちらかというと叩き上げで鍛えられた）会社員です。
大学卒業時の就職活動も失敗しましたし、
カードや奨学金の返済に追われたこともありました。

昔は、社会人になったら会社のお給料だけでやりくりして、
生活していかなければいけないと思っていました。

ですが、やりたいことは我慢しないといけないし、
好きなこともできない生活は嫌だ！
もっと自分の好きなことができる生活をしたい！と思っていました。
そんなときにふと思い出したのが、
インターンシップでお世話になった社長から教えていただいた言葉です。

私たちが、今の生活を変えたいと思ったときにすることは3つだけ。
・環境を変える
・生活する時間を変える
・つき合う人を変える

私は、まずつき合う人を変えることで、変化がありました。

意識せずに過ごしていたら気づかなかった情報や知識を身につけて実践することができました。

そんな中、パートナーやブロ友さん、起業を目指す仲間と講師に出逢い、今まで持っていたお金に対する価値観が大きく変わり、人生が急激に変化していきました。


その結果、30歳を目前にして収入の柱を8つ作ることができました。

もちろんたくさん失敗もしたし、お金もたくさん使いました。

計画をうまく進めることができずに、「もう辞めたい！」「成果が見えない！」と投げ出したくなるときもありました。

パートナーと喧嘩になって家出をしたこともあります。

でも、自分を信じて、いっしょに頑張ってくれる仲間を信じて、
目標や理想の生活を叶えると決めて今まで続けてきました。
だからこそ、成功したときや目標を達成したときは嬉しいし、
こんなに収入の柱があるんだということをお伝えしたいと思っていました。

私もまだまだ成長途中です。
これから時代も変わっていくなかで、新たなチャレンジをして発信していきます。

収入の増やし方について詳しく書いてある書籍はたくさんありますが、
人それぞれ価値観も違うし、かけられる時間も違うので、
収入の柱の作り方は違います。
本書が、あなたが収入の柱を増やすためのきっかけになれば嬉しいです。

今回、出版のお話を頂戴して、自分の過去を振り返るなかで、

私も忘れていた小学生のときに言っていた夢を思い出しました。
それは、「自分が死んでも名前が世の中に残るように本を書きたい」ということ。
自分でも叶えることができないとあきらめ、
忘れていた夢を叶えることができました。

収入の柱を作ることで、あなたの人生を理想に近づけることができます。
新しいことにチャレンジするのはとても勇気がいるし、不安もあると思います。
だけれども、一歩を踏み出せば、新しい世界が待っています。
勇気を出して、チャレンジしてみてください。

この本を出すにあたって、初めての出版をサポートしてくださった、
中四国エリアＮｏ１経営コンサルタント赤松範胤様、
本書のためにイラストを書き下ろしてくださった、Ｊｏｊｏ Ｙａｎ様、
編集担当の長谷川華様、カナリアコミュニケーションズの皆様に
感謝しております。

２０１８年４月吉日

藤咲まどか

Profile
藤咲まどか *Kojima Takako*
1988年生まれ、兵庫県西宮市出身。中高大一貫の女子校を卒業後、就職活動に失敗しアルバイトで生計を立てながら、一人暮らしをスタート。「お金がないから」という理由で、夢を諦めたくないと思いお金の勉強を始め、結婚を機に収入の柱を増やしていく。日々の活動はブログや、Facebookで発信中。
Blog：https://ameblo.jp/bluesky-w-m
FB：https://www.facebook.com/madoka.fujisaki.office

現代プリンセス式
副業成功レッスン

2018年5月7日（初版第1刷発行）

著者　藤咲まどか
発行人　佐々木紀行
発行所　株式会社カナリアコミュニケーションズ
〒141-0031　東京都品川区西五反田6-2-7
ウエストサイド五反田ビル3F
TEL 03-5436-9701　FAX 03-3491-9699
http://www.canaria-book.com

印刷　株式会社ダイトー
イラスト　Jojo Yan
デザイン・DTP　若月恭子
企画・プロデュース　赤松範胤
編集協力　長谷川 華

ISBN978-4-7782-0433-4　C0034